GUIDA AL GUADAGNO ONLINE CON L'INTELLIGENZA ARTIFICIALE (IA)

Fi.Bo.

INDICE

6.Creazione di Contenuti per l'IA

Esplorazione delle opportunità di guadagno attraverso la creazione di contenuti che alimentano modelli di Intelligenza Artificiale.

Suggerimenti pratici per la produzione di contenuti di alta qualità.

Analisi delle tendenze nella domanda di contenuti per l'IA.

Approfondimento sulle strategie di marketing per promuovere i servizi di creazione di contenuti.

Discussione su come mantenere la creatività e l'originalità nei progetti di creazione di contenuti per l'IA.

Esplorazione delle piattaforme emergenti per la vendita di contenuti generati dall'IA.

7.Freelancing nel Settore dell'IA

Discussione su come diventare un freelance specializzato in progetti legati all'IA.

Strategie di marketing personale per attirare progetti di qualità.

Approfondimento sulla gestione efficace del tempo e delle risorse come freelance.

Esplorazione delle community online per freelancer nell'IA.

Consigli per negoziare tariffe competitive e condizioni contrattuali favorevoli.

8.Affiliazioni e Marketing con AI

Come sfruttare l'IA nel campo dell'affiliazione e del marketing online.

Utilizzo di strumenti automatizzati per ottimizzare campagne pubblicitarie e strategie di marketing.

Analisi delle tendenze nel marketing basato sull'IA.

Approfondimento sulle strategie di marketing etico e responsabile.

Consigli pratici per la gestione e l'ottimizzazione delle campagne di affiliazione basate sull'IA.

9.Formazione Continua

Importanza della formazione continua nel settore dell'IA.

Consigli su programmi di formazione avanzata e certificazioni.

Esplorazione delle tendenze nell'offerta di corsi online nell'ambito dell'IA.

Approfondimento sulle modalità di apprendimento più efficaci per le tecnologie emergenti.

10.Aspetti Etici e Privacy

Breve discussione sugli aspetti etici e sulla gestione della privacy nel lavoro online con l'IA.

L'importanza di rispettare le linee guida e le leggi pertinenti.

Casistiche etiche comuni e come affrontarle.

Esplorazione delle politiche aziendali etiche nell'ambito dell'IA.

Analisi delle implicazioni della privacy nell'utilizzo di tecnologie basate sull'IA.

Approfondimento sulla responsabilità etica dell'individuo nel lavoro con l'IA.

11.Conclusioni

Riassunto dei passaggi chiave e incoraggiamento a esplorare le molteplici opportunità di guadagno offerte dall'Intelligenza Artificiale online.

Sintesi delle sfide e opportunità emergenti nel panorama dell'IA e del lavoro online.

Analisi delle prospettive future e delle potenziali evoluzioni del guadagno online con l'IA.

INTRODUZIONE

Presentazione sull'opportunità di guadagnare
online sfruttando l'Intelligenza Artificiale

Benvenuto in un'avventura esplorativa attraverso le innumerevoli opportunità di guadagno online, un viaggio affiancato dalla potente Intelligenza Artificiale (IA). In un'era di digitalizzazione in costante crescita, l'IA emerge come il fulcro centrale di un universo vasto e dinamico di possibilità finanziarie e professionali, rivoluzionando il nostro approccio al lavoro online. Questo capitolo introduttivo agisce come un portale, aprendo le porte verso un mondo dove l'IA non è solo una tecnologia avanzata, ma un prezioso alleato per coloro che aspirano non solo a sopravvivere, ma a prosperare in un complesso panorama lavorativo online in continuo cambiamento.

L'IA, nella sua complessità, si configura come un trampolino di lancio verso nuovi orizzonti professionali e opportunità di guadagno senza precedenti. Immagina di avere a disposizione la potenza dell'IA per non solo plasmare il tuo lavoro online, ma per ridefinire completamente l'esperienza ad esso collegata. Oltre a essere una tecnologia all'avanguardia, l'IA si rivela una risorsa trasformatrice, capace di ridefinire radicalmente la tua percezione del lavoro e del guadagno online. Questa guida non è semplicemente un manuale, ma un compagno di viaggio pronto a guidarti attraverso un'esplorazione approfondita di come l'IA possa agire come catalizzatore per nuove opportunità di guadagno, aprendo varchi al di là dei tradizionali confini del lavoro online.

L'IA, in questo contesto, funge da acceleratore per le tue competenze, indipendentemente dal settore in cui ti trovi. Che tu sia uno scrittore, un progettista, un programmatore

o un analista di dati, l'IA è progettata per potenziare le tue capacità distintive, diventando un alleato insostituibile nella tua ricerca di successo online. Attraverso esempi concreti e storie di successo, esploreremo come questa sinergia tra creatività umana e intelligenza artificiale possa creare un terreno fertile per il guadagno online, trasformando ciò che fai di meglio in un vantaggio competitivo senza confini.

Da qui, ci spingiamo oltre le possibilità alla realizzazione con un invito a spalancare la porta a un mondo in cui l'IA non solo si inserisce armoniosamente nel nostro modo di lavorare online, ma ne ridefinisce anche i limiti. Attraverso esempi pratici, esploreremo come l'IA possa trasformare non solo idee, ma anche ambizioni in progetti remunerativi, evidenziando il potenziale di modelli di business innovativi e la capacità di sfruttare al massimo le risorse offerte dall'IA. Dal coinvolgimento nel crowdsourcing alla creazione di contenuti alimentati dall'IA, scoprirai come tradurre concetti astratti in risultati tangibili, aprendo nuove prospettive nel mondo del guadagno online.

Breve panoramica delle potenzialità dell'IA
nel contesto di guadagno online

Questa guida, concepita come più di un semplice manuale, è la tua compagna di viaggio in questo intricato percorso. Con esempi pratici, consigli esperti e strategie collaudate, ti accompagnerà attraverso il labirinto di possibilità, fornendoti gli strumenti necessari per navigare con successo in questo ambiente in continua evoluzione. Trasformerà la tua visione del lavoro online, preparandoti non solo ad abbracciare ma a guidare il futuro del guadagno, dove l'IA è la chiave per sbloccare il tuo potenziale e aprirti a un mondo di opportunità senza precedenti che attende solo di essere esplorato e sfruttato a pieno. Questa guida è il tuo compagno affidabile, pronto a illuminare il percorso verso un futuro online ricco di possibilità e successi inaspettati.

Nel vasto panorama del guadagno online, l'Intelligenza Artificiale (IA) si configura come una forza rivoluzionaria, introducendo cambiamenti sostanziali nel modo in cui concepiamo e partecipiamo al lavoro digitale. La complessità e la versatilità dell'IA offrono una gamma di potenzialità straordinarie, plasmando il contesto del guadagno online in modi che sfidano le nostre aspettative pregresse.

Uno degli aspetti chiave delle potenzialità dell'IA nel guadagno online è la sua abilità di migliorare l'efficienza operativa. Grazie alla sua capacità di analizzare grandi quantità di dati e apprendere automaticamente dai modelli emergenti, l'IA è in grado di ottimizzare processi, rendendo più veloci e accurati compiti che altrimenti richiederebbero molto tempo. Questo non solo aumenta la produttività, ma consente agli operatori di focalizzarsi su attività più complesse e strategiche.

La personalizzazione delle esperienze utente è un'altra sfera in cui l'IA si distingue nel guadagno online. Attraverso l'analisi avanzata dei dati comportamentali degli utenti, l'IA è in grado di creare profili individualizzati, suggerendo prodotti, servizi e

6

contenuti su misura. Questo livello di personalizzazione non solo migliora l'esperienza dell'utente ma crea anche nuove opportunità di guadagno attraverso la promozione mirata e la fidelizzazione del cliente.

L'automazione dei processi decisionali è un'altra tappa significativa resa possibile dall'IA nel guadagno online. Nei settori finanziari, l'IA può analizzare dati complessi per fornire previsioni e raccomandazioni, guidando gli operatori nelle decisioni strategiche. Questo non solo riduce il margine di errore ma contribuisce anche a una gestione più informata delle risorse finanziarie, fondamentale per il successo nel contesto digitale.

La creazione di contenuti intelligenti rappresenta un'altra area in cui l'IA dimostra la sua versatilità. Gli algoritmi avanzati possono generare testi persuasivi, immagini accattivanti e video coinvolgenti, contribuendo a sostenere strategie di marketing e pubblicità online. Ciò non solo consente ai creatori di contenuti di risparmiare tempo, ma apre anche nuove vie creative attraverso la sperimentazione di formati e stili innovativi.

L'analisi predittiva, uno dei tratti distintivi dell'IA, offre una panoramica avanzata delle tendenze di mercato, comportamenti degli utenti e cambiamenti nell'ambiente digitale.

Questa capacità di anticipazione è preziosa per gli operatori online, consentendo loro di adattare le strategie di guadagno in tempo reale per sfruttare al massimo le opportunità emergenti.

Contrariamente alle preoccupazioni di sostituzione delle competenze umane, l'IA può essere vista come un collaboratore creativo. Nei settori artistici e culturali online, l'IA può fungere da fonte di ispirazione, fornendo suggerimenti innovativi e partecipando al processo creativo. Questo connubio tra creatività umana e intelligenza artificiale può portare a opere uniche e nuove prospettive creative.

In conclusione, la presenza dell'IA nel contesto del guadagno online rappresenta una trasformazione dinamica. Questa panoramica, seppur introduttiva, evidenzia la diversità e l'ampiezza delle potenzialità dell'IA, aprendo prospettive inesplorate e sollevando questioni che richiederanno un'attenzione continua nel nostro approccio al lavoro digitale. La collaborazione sempre più stretta tra esseri umani e intelligenza artificiale è destinata a ridefinire il modo in cui concepiamo e intraprendiamo il guadagno online, aprendo porte a un futuro in cui la creatività, l'efficienza e l'innovazione convergono in modi inaspettati.

Il mercato del lavoro online è in costante evoluzione, riflettendo le dinamiche della società digitale in cui viviamo. Oggi, sempre più professionisti cercano opportunità di impiego attraverso piattaforme online, sfruttando le tecnologie per connettersi con aziende e progetti in tutto il mondo. Questa crescente tendenza è alimentata da diversi fattori che delineano il panorama attuale del lavoro online.

Innanzitutto, la globalizzazione digitale ha reso possibile il lavoro remoto su scala globale. Le barriere geografiche si stanno sgretolando, consentendo a lavoratori e aziende di collaborare senza la necessità di presenze fisiche. Questo ha creato una vasta rete di talenti accessibili a livello internazionale, permettendo alle aziende di scegliere i professionisti più adatti alle loro esigenze, indipendentemente dalla loro posizione geografica.

Parallelamente, l'avvento delle piattaforme freelance ha radicalmente trasformato il modo in cui le persone trovano e offrono lavoro online. Piattaforme come Upwork, Freelancer e Fiverr offrono uno spazio digitale dove clienti e freelance possono connettersi in modo efficiente. Queste piattaforme facilitano la ricerca di opportunità di lavoro e semplificano il processo di selezione per le aziende.

Inoltre, la crescente importanza dell'economia gig, caratterizzata da lavoratori indipendenti e contratti temporanei, ha contribuito a ridefinire il concetto tradizionale di impiego. Sempre più persone abbracciano la flessibilità offerta da lavori freelance e progetti a breve termine, spinti dalla ricerca di un equilibrio tra vita professionale e personale.

Il settore della tecnologia è particolarmente influente in questo contesto, con molte posizioni che richiedono competenze digitali avanzate.

La richiesta di professionisti nell'ambito della programmazione, dello sviluppo software, del marketing digitale e della progettazione è in costante aumento.

Le competenze tecnologiche sono diventate una valuta preziosa nel mercato del lavoro online, con molte opportunità che richiedono una padronanza delle ultime tecnologie e tendenze digitali.

Tuttavia, nonostante le opportunità offerte dal lavoro online, emergono anche sfide. La concorrenza è intensa, con un numero crescente di professionisti che cercano di accedere alle stesse opportunità. Inoltre, la gestione delle relazioni professionali in un contesto virtuale può rappresentare una sfida, richiedendo abilità comunicative e di gestione del tempo particolarmente sviluppate.

L'ascesa del lavoro online è alimentata anche dalla crescente accettazione di nuovi modelli di lavoro. La tradizionale struttura di impiego a tempo pieno sta cedendo il passo a una varietà di forme flessibili di occupazione. Lavoratori indipendenti, liberi professionisti e freelance stanno diventando sempre più la norma, creando un ecosistema dinamico in cui le competenze e i risultati sono spesso più rilevanti dell'ubicazione fisica.

Questo cambiamento di paradigma nel concetto di impiego è sostenuto anche dalla generazione più giovane, che valuta sempre di più la flessibilità e l'autonomia nella propria carriera. La possibilità di lavorare su progetti diversificati, acquisire una gamma di competenze e creare un portafoglio professionale variegato è diventata attraente per coloro che cercano di definire la propria carriera in modi non convenzionali.

Un elemento chiave che caratterizza il mercato del lavoro online è la trasparenza e la meritocrazia. Le recensioni e le valutazioni pubblicate su molte piattaforme consentono ai professionisti di costruire la propria reputazione online. Questa trasparenza impone una responsabilità reciproca tra datori di lavoro e lavoratori, creando un incentivo per la qualità e l'eccellenza.

D'altra parte, le aziende stanno adattando le proprie strategie di reclutamento per sfruttare appieno le potenzialità del lavoro online. La possibilità di accedere a un pool globale di talenti offre opportunità senza precedenti per l'innovazione e la diversificazione. Le imprese possono ora scegliere esperti specifici per progetti specifici, ottimizzando così le risorse e migliorando l'efficienza operativa.

È importante sottolineare che, nonostante le molte opportunità, il lavoro online presenta sfide uniche. La gestione del tempo e la capacità di autodisciplina sono cruciali per i lavoratori remoti. Inoltre, la natura decentralizzata del lavoro online richiede una comunicazione efficace attraverso diverse piattaforme digitali, richiedendo competenze di adattamento continuo.

Il futuro del lavoro online sembra destinato a consolidarsi come una componente significativa del panorama occupazionale. Le tecnologie emergenti come l'intelligenza artificiale e l'automazione potrebbero ulteriormente ridefinire le dinamiche del lavoro online, introducendo nuove opportunità e sfide. In questo contesto in rapida evoluzione, la capacità di apprendere in modo continuo e di adattarsi rapidamente diventa un elemento chiave per il successo nel mondo del lavoro digitale.

L'innovazione tecnologica, in particolare nell'ambito dell'intelligenza artificiale e dell'automazione, sta introducendo una nuova dimensione nel panorama del lavoro online.

Alcune professioni stanno subendo trasformazioni radicali, con algoritmi e sistemi automatizzati che assumono compiti ripetitivi e rutinari.

Questo processo, se da un lato libera risorse umane per attività più creative e strategiche, dall'altro solleva interrogativi sulla sicurezza dell'occupazione e richiede una continua riqualificazione delle competenze.

Il concetto di "lavoro a chiamata" o "lavoro a richiesta" sta emergendo come una tendenza significativa. Le piattaforme che collegano lavoratori a progetti temporanei o a breve termine stanno guadagnando popolarità, consentendo alle aziende di adattarsi più agilmente alle esigenze del mercato. Questo modello di impiego offre flessibilità sia per i datori di lavoro che per i lavoratori, ma solleva anche questioni riguardo alla sicurezza economica e ai benefici tradizionali associati all'occupazione a lungo termine.

Un'altra area di crescita nel mercato del lavoro online è rappresentata dalla formazione e dalla consulenza. Professionisti esperti offrono le proprie competenze attraverso corsi online, webinar e servizi di consulenza. Questo approccio non solo fornisce un'opportunità di reddito per gli esperti, ma anche un modo efficiente per coloro che cercano di acquisire nuove competenze o risolvere specifiche sfide professionali.

La convergenza di tecnologie come la realtà aumentata e virtuale sta anche influenzando il modo in cui le persone lavorano insieme online. La possibilità di partecipare a riunioni virtuali, collaborare su progetti in ambienti digitali condivisi e persino sperimentare la formazione pratica attraverso simulazioni virtuali sta trasformando radicalmente le dinamiche di lavoro.

Infine, la sostenibilità sta emergendo come una considerazione critica nel mercato del lavoro online. La consapevolezza ambientale sta spingendo le aziende a esaminare le proprie pratiche di lavoro e a implementare strategie che riducano l'impatto ambientale del lavoro online, ad esempio, riducendo gli spostamenti fisici attraverso il lavoro remoto.

In conclusione, il lavoro online continua a evolversi, plasmato da progressi tecnologici, cambiamenti culturali e sfide socioeconomiche. L'abilità di adattarsi a queste dinamiche in rapida evoluzione diventa essenziale per coloro che vogliono prosperare in questo ambiente competitivo e sempre più digitalizzato. La flessibilità, la formazione continua e la consapevolezza delle tendenze emergenti sono chiavi per navigare con successo nel futuro del lavoro online.

Lavorare online, sebbene offra una miriade di opportunità e flessibilità, pone di fronte ai lavoratori una serie di sfide significative. Una delle prime barriere che molti devono superare è l'isolamento. La mancanza di un ambiente di lavoro fisico con colleghi e supervisori può portare a un senso di solitudine, influenzando la motivazione e la salute mentale. La dimensione umana della comunicazione, con le sue espressioni facciali e il linguaggio del corpo, spesso si perde nel mondo digitale, contribuendo a una sensazione di distanza e separazione.

La gestione del tempo è un'altra sfida chiave. Sebbene la flessibilità del lavoro online sia un vantaggio, richiede una disciplina straordinaria. Senza la struttura tradizionale di un ufficio, i lavoratori devono autoimporre scadenze e mantenere un alto livello di autodisciplina per evitare la procrastinazione e garantire la produttività. La mancanza di una routine fisica può portare a una sfida costante nel bilanciare la vita lavorativa con quella personale.

La competitività acuta è una realtà in questo panorama digitale. Con il mercato globale che si apre a una vasta rete di professionisti, la concorrenza è intensa. La saturazione del mercato in alcune categorie professionali rende difficile emergere e distinguersi, spingendo i lavoratori a cercare costantemente modi per migliorare le proprie abilità e differenziarsi per attirare opportunità.

La sicurezza del lavoro è un'ulteriore preoccupazione. I lavoratori online spesso si trovano in una posizione più precaria rispetto a quelli impiegati a tempo pieno. La mancanza di sicurezza dell'impiego e dei benefici tradizionali, come le assicurazioni e i congedi pagati, crea incertezza economica e sociale. Questa precarietà può influire sulla stabilità finanziaria e sulla sicurezza a lungo termine.

La comunicazione virtuale, sebbene essenziale per il lavoro

online, introduce una serie di sfide. La mancanza di contatto fisico rende più complessa l'interpretazione delle intenzioni e delle emozioni, portando a potenziali malintesi. La gestione delle relazioni professionali attraverso mezzi digitali richiede competenze di comunicazione specifiche per evitare fraintendimenti e costruire collaborazioni efficaci.

La sicurezza informatica e la privacy sono preoccupazioni sempre presenti. La trasmissione di dati sensibili e il lavoro su reti pubbliche espongono i lavoratori a minacce online, richiedendo un'attenzione costante alla protezione delle informazioni personali e professionali.

La mancanza di strutture di supporto è una caratteristica distintiva del lavoro online. Senza un team IT dedicato o un reparto delle risorse umane, i lavoratori devono affrontare problemi pratici da soli, spesso senza il supporto e le risorse che possono essere disponibili in un ambiente tradizionale in ufficio.

L'equilibrio tra vita e lavoro è un'altra frontiera complicata. La mancanza di un ambiente fisico separato per il lavoro può portare a una difficoltà nel creare confini chiari tra l'impegno professionale e il tempo personale, aumentando il rischio di burnout e stress.

La disponibilità continua è una sfida che molti lavoratori online affrontano. La pressione di essere costantemente connessi, unita alla mancanza di un confine tangibile tra il tempo lavorativo e quello personale, può avere conseguenze negative sulla salute mentale e sul benessere generale.

Affrontare queste sfide richiede un approccio olistico. Dall'equilibrio tra vita e lavoro alla gestione del tempo e alla promozione della salute mentale, i lavoratori online devono sviluppare una serie di competenze e strategie per prosperare in un ambiente di lavoro sempre più digitale e globalizzato.

Inoltre, il cambiamento rapido delle tecnologie e delle piattaforme online rappresenta un'altra sfida significativa. I lavoratori online devono essere pronti ad adattarsi costantemente a nuovi strumenti, metodologie di lavoro e piattaforme emergenti. La velocità con cui avvengono questi cambiamenti può essere travolgente, richiedendo una continua volontà di apprendimento e aggiornamento delle competenze.

Un aspetto cruciale spesso trascurato è la mancanza di benefit e sicurezza finanziaria tipica dei lavori tradizionali. I lavoratori online potrebbero non godere degli stessi vantaggi, come l'assicurazione sanitaria, le ferie pagate o le tutele contro la perdita di lavoro. Questa mancanza di sicurezza economica può aumentare lo stress e la vulnerabilità finanziaria, specialmente in situazioni di crisi.

La mancanza di rappresentanza sindacale è un'altra questione importante. I lavoratori online, spesso indipendenti o contrattisti autonomi, possono trovarsi in una posizione svantaggiata rispetto a coloro che beneficiano di rappresentanze sindacali. La voce dei lavoratori potrebbe non essere adeguatamente ascoltata, rendendo più difficile affrontare problemi come condizioni di lavoro ineque o cambiamenti contrattuali improvvisi.

La diversità di fusi orari è un elemento aggiuntivo da considerare. In un ambiente di lavoro globale, i lavoratori online potrebbero dover collaborare con colleghi o clienti in diverse parti del mondo, portando a orari di lavoro scomodi e a una sfida nella gestione dell'equilibrio tra vita e lavoro.

La crescente dipendenza dalle recensioni online può rappresentare una pressione aggiuntiva per i lavoratori freelance o su piattaforme. La reputazione online è diventata una valuta preziosa, e l'ottenimento e il mantenimento di recensioni positive può essere cruciale per ottenere nuove opportunità di lavoro.

In conclusione, il lavoro online, sebbene apporti numerosi vantaggi, pone di fronte a chi lo abbraccia una serie di sfide multidimensionali. Superare queste sfide richiede non solo competenze professionali e adattabilità tecnologica, ma anche una solida base di competenze personali, dalla gestione dello stress alla capacità di creare un equilibrio sano tra vita e lavoro. Navigare con successo nel mondo del lavoro online richiede una consapevolezza continua, una volontà di adattarsi e la capacità di affrontare le sfide con creatività e resilienza.

L'evoluzione del lavoro online nell'era dell'intelligenza artificiale (IA) rappresenta un panorama in continua trasformazione, caratterizzato da sfide e opportunità che si intrecciano in modo intricato. La crescente integrazione dell'IA nelle attività quotidiane dei lavoratori online è evidente in settori come programmazione, progettazione, scrittura e gestione dei dati. Questa automazione, alimentata da algoritmi avanzati, promette efficienza e velocità, ma contemporaneamente solleva interrogativi critici riguardo al destino di professioni tradizionali, la cui natura potrebbe subire una ridefinizione radicale.

L'idea di "lavoro ibrido" emerge come una prospettiva intrigante. La collaborazione sinergica tra l'intelligenza umana e quella artificiale potrebbe offrire un terreno fertile per una maggiore efficienza e innovazione in diverse industrie. Mentre l'IA si occupa di compiti ripetitivi e analitici, i lavoratori umani possono concentrarsi su aspetti più creativi, decisionali e relazionali delle loro mansioni. Questa coesistenza rappresenta una strada da percorrere per affrontare le sfide dell'automazione.

Tuttavia, con l'automazione in ascesa, emergono legittime preoccupazioni sull'occupazione. Il timore che l'IA possa sostituire alcune categorie di lavoro porta ad una necessità di riqualificazione delle competenze per adattarsi a un panorama lavorativo in costante evoluzione. La questione diventa ancor più complessa considerando l'aspetto etico e sociale delle decisioni di automazione, che richiedono una riflessione approfondita sulla nostra visione della società del lavoro.

Parallelamente, si prevede che il lavoro online offra nuove opportunità nel campo stesso dell'IA. La crescente domanda di sviluppatori, ingegneri e scienziati dati apre nuove vie di occupazione per coloro che hanno competenze avanzate nell'ambito dell'IA. La creazione e la gestione di algoritmi, così come la valutazione etica delle decisioni dell'IA, diventano competenze altamente richieste.

La gestione del lavoro online sarà altrettanto influenzata dall'IA. Sistemi avanzati di gestione delle risorse umane basati sull'IA potrebbero ottimizzare la selezione di candidati, la formazione, la valutazione delle prestazioni e la gestione del talento. Questo potrebbe portare a una maggiore efficienza nei processi decisionali e alla creazione di ambienti di lavoro più adattabili e inclusivi.

Tuttavia, la crescente dipendenza dall'IA nel contesto del lavoro online solleva questioni cruciali sulla sicurezza informatica e sulla protezione dei dati. La gestione di enormi quantità di dati sensibili richiederà protocolli avanzati di sicurezza e una maggiore attenzione alla privacy dei lavoratori. L'adozione di standard etici e di sicurezza diventa quindi essenziale per garantire un ambiente di lavoro online affidabile e sicuro.

Le prospettive future del lavoro online nell'era dell'IA aprono la strada a nuove forme di organizzazione del lavoro. La decentralizzazione delle strutture aziendali potrebbe accelerare, con team remoti che collaborano attraverso piattaforme digitali avanzate e interfacce intuitive alimentate dall'IA. La natura globale del lavoro online, combinata con l'IA, potrebbe anche promuovere la diversità e l'inclusione, abbattendo barriere culturali e geografiche.

Una considerazione critica in questo contesto è la trasformazione digitale di settori attualmente meno tecnologici. L'IA potrebbe facilitare la modernizzazione di settori come l'istruzione, la sanità e l'arte, aprendo nuove possibilità di lavoro online in contesti tradizionali. La creazione di piattaforme che consentono la collaborazione online in settori più consolidati contribuirà a una maggiore diversificazione delle opportunità di lavoro.

La natura dinamica e in continua evoluzione delle prospettive future del lavoro online nell'era dell'IA richiede una riflessione costante e un adattamento continuo. L'investimento nelle competenze umane, insieme a una riflessione etica sulla crescente presenza dell'IA, diventano imperativi per plasmare un futuro del lavoro online che sia inclusivo, etico e all'avanguardia.

La ricerca di un equilibrio tra l'innovazione tecnologica e la tutela dei diritti e del benessere dei lavoratori rappresenta una sfida centrale che la società dovrà affrontare con determinazione e responsabilità.

In conclusione, l'evoluzione del lavoro online nell'era dell'intelligenza artificiale offre uno scenario dinamico e complesso, in cui sfide e opportunità si intrecciano in modo intricato. L'integrazione crescente dell'IA nelle attività quotidiane apre nuove prospettive, ma richiede anche un approccio etico e ponderato.

La coesistenza di intelligenza umana e artificiale, sottolineata dal concetto di "lavoro ibrido", potrebbe essere la chiave per massimizzare i benefici di entrambe le forme di intelligenza.

Le sfide riguardanti la riqualificazione delle competenze, la sicurezza informatica e la protezione dei dati, insieme a considerazioni etiche nell'automazione, richiedono soluzioni innovative e una governance attenta. La trasparenza e la responsabilità nell'implementazione dell'IA diventano imprescindibili per garantire un ambiente di lavoro online equo, inclusivo e sostenibile.

Guardando al futuro, la diversificazione delle opportunità di lavoro online in settori tradizionalmente meno digitalizzati, la promozione della diversità e dell'inclusione, e la creazione di nuove forme di organizzazione del lavoro rappresentano sfide e obiettivi ambiziosi da perseguire. L'adozione di standard etici, la promozione della formazione continua e l'attenzione alla sicurezza e al benessere dei lavoratori saranno fondamentali per plasmare un futuro del lavoro online che rifletta i valori della società contemporanea e affronti in modo proattivo le sfide emergenti.

In questa dinamica evolutiva, è imperativo che la società, le istituzioni, le imprese e gli individui collaborino per definire un approccio bilanciato, rispettoso dell'umanità e consapevole delle opportunità offerte dall'IA nel contesto del lavoro online. Solo attraverso un impegno condiviso e una guida etica possiamo sperare di plasmare un futuro del lavoro online che sia non solo tecnologicamente avanzato, ma anche socialmente responsabile e orientato al benessere collettivo.

Sviluppare una mentalità imprenditoriale nel contesto del lavoro online con l'intelligenza artificiale (IA) richiede un approccio dinamico e orientato all'innovazione. In questa era di cambiamenti rapidi e automazione, è essenziale adottare una mentalità che favorisca la creatività, la flessibilità e la capacità di adattamento.

Innanzitutto, la consapevolezza dell'ambiente in rapida evoluzione è fondamentale. Gli imprenditori online devono essere attenti alle ultime tendenze nell'IA, comprendendo come queste tecnologie possano migliorare o trasformare il loro settore. Questa consapevolezza li posiziona in modo strategico per cogliere le opportunità emergenti e guidare l'innovazione nel proprio ambito di lavoro.

La mentalità imprenditoriale richiede anche una proattività nell'acquisizione di nuove competenze. Nel contesto dell'IA, dove le tecnologie evolvono rapidamente, l'apprendimento continuo è un imperativo. Gli imprenditori online devono essere pronti a investire tempo e risorse nella formazione e nell'aggiornamento delle proprie competenze per rimanere rilevanti e competitivi.

La capacità di identificare e sfruttare le opportunità è un elemento cardine di una mentalità imprenditoriale. Nel contesto dell'IA, ciò potrebbe includere la ricerca di lacune nel mercato, la comprensione delle esigenze emergenti dei clienti e l'individuazione di modi innovativi per applicare l'IA al proprio settore.

Essere pronti a sperimentare nuove idee e ad adattarsi in base ai feedback e alle tendenze del mercato è cruciale.

La gestione del rischio è un altro aspetto chiave. Gli imprenditori online devono essere disposti a prendere decisioni coraggiose e ad affrontare le sfide con determinazione. Nell'era dell'IA, dove l'incertezza può essere elevata, è necessario sviluppare la capacità di valutare i rischi e di adottare strategie flessibili per adattarsi alle mutevoli condizioni del mercato.

La collaborazione e la costruzione di reti sono fondamentali per lo sviluppo di una mentalità imprenditoriale online. Collaborare con altri professionisti e imprenditori può portare a sinergie e opportunità che possono essere altrimenti inaccessibili. La condivisione di conoscenze, risorse e esperienze può contribuire a costruire un ecosistema di supporto reciproco, favorendo la crescita e l'innovazione collettiva.

Un altro elemento essenziale è la focalizzazione sul valore. Gli imprenditori online devono domandarsi costantemente: "Come posso fornire valore ai miei clienti utilizzando l'IA?" Questa prospettiva centrata sul cliente guida lo sviluppo di prodotti e servizi che rispondono alle esigenze del mercato e che possono avere un impatto significativo.

La resilienza è una caratteristica chiave di una mentalità imprenditoriale. Nell'ambiente competitivo del lavoro online con l'IA, gli imprenditori devono affrontare inevitabili sfide e fallimenti con una mentalità positiva e la capacità di imparare dagli errori. La resilienza è ciò che permette loro di rimanere focalizzati sui loro obiettivi a lungo termine nonostante gli ostacoli.

Lo sviluppo di una mentalità imprenditoriale nel contesto del lavoro online con l'intelligenza artificiale (IA) è un viaggio che richiede una profonda esplorazione di vari aspetti, che vanno dall'acquisizione di competenze tecnologiche all'etica dell'IA e alla costruzione di relazioni nel mondo digitale in evoluzione.

Iniziamo con la consapevolezza: un imprenditore online deve essere non solo consapevole delle ultime tendenze dell'IA ma anche capace di anticipare e interpretare le sfumature di questo panorama in continua evoluzione. La comprensione di come l'IA sta trasformando i settori e la società è fondamentale per identificare le opportunità e navigare attraverso le sfide.

L'apprendimento continuo è un pilastro centrale. Nel mondo dell'IA, caratterizzato da sviluppi rapidi, la formazione costante è indispensabile. Questo non riguarda solo la comprensione delle nuove tecnologie ma anche lo sviluppo di competenze trasversali, come la risoluzione dei problemi, la creatività e la comunicazione efficace, che sono fondamentali per affrontare le complessità del lavoro online.

La proattività è un elemento cruciale di una mentalità imprenditoriale. Gli imprenditori online devono cercare attivamente opportunità di innovazione, essere pronti a sperimentare nuove idee e a fare scelte coraggiose.

La capacità di anticipare i cambiamenti nel mercato e di adattarsi tempestivamente è ciò che distingue un imprenditore di successo nel contesto dell'IA.

Affrontare il rischio è inevitabile, ma è anche un terreno fertile per l'apprendimento e la crescita. La gestione del rischio nell'ambito dell'IA richiede una valutazione ponderata degli scenari possibili e una capacità di prendere decisioni informate. L'incertezza deve essere accettata come parte integrante del processo imprenditoriale, e la resilienza è l'antidoto alle sfide che inevitabilmente si presentano.

La collaborazione e la costruzione di reti diventano ancor più critiche nel contesto online con l'IA. La creazione di partenariati solidi, la partecipazione a comunità di professionisti e l'approccio collaborativo possono amplificare le opportunità e facilitare la condivisione di conoscenze e risorse.

La focalizzazione sul valore è un faro guida. Gli imprenditori online devono costantemente chiedersi come possono fornire valore ai loro clienti, ai loro collaboratori e al mercato nel suo complesso. L'IA può essere uno strumento potente per creare soluzioni innovative e personalizzate che rispondano alle esigenze specifiche degli utenti.

L'etica è un terreno in continua espansione nell'era dell'IA. Gli imprenditori online devono considerare attentamente l'impatto etico delle loro attività, valutando le conseguenze sociali e culturali delle tecnologie che sviluppano o implementano. Una leadership etica è cruciale per instillare la fiducia degli utenti e per promuovere una cultura di responsabilità sociale.

L'agilità mentale è un asset inestimabile. Nel contesto dell'IA, dove le tecnologie e le metodologie possono cambiare rapidamente, la capacità di adattarsi, apprendere velocemente e pensare in modo flessibile è un elemento chiave per il successo imprenditoriale.

L'innovazione continua dovrebbe essere un obiettivo costante.

Gli imprenditori online devono ispirare una cultura organizzativa che valorizzi la creatività, la sperimentazione e la ricerca incessante di modi migliori per soddisfare le esigenze del mercato.

La gestione del tempo e delle risorse è cruciale in un ambiente online sempre attivo. Gli imprenditori devono essere maestri nell'ottimizzare il loro tempo, concentrando gli sforzi sulle attività di maggior valore e sfruttando le risorse disponibili in modo efficiente.

La costruzione del marchio personale o aziendale è un investimento strategico. Nel mondo online, la reputazione è un asset che può fare la differenza. Gli imprenditori devono curare la loro presenza digitale, comunicare in modo coerente e autentico, costruendo una narrativa che risuoni con il loro pubblico.

In sintesi, lo sviluppo di una mentalità imprenditoriale nel lavoro online con l'IA richiede una combinazione complessa di consapevolezza, apprendimento continuo, proattività, gestione del rischio, collaborazione, focalizzazione sul valore, resilienza, etica, agilità mentale, innovazione continua, gestione del tempo e delle risorse, e costruzione del marchio. Questa amalgama di competenze e qualità costituisce il tessuto connettivo dell'approccio imprenditoriale, plasmando un quadro completo che può guidare gli imprenditori online verso il successo in un panorama sempre più complesso e guidato dall'intelligenza artificiale.

Questo approccio integrato è fondamentale per affrontare le sfide emergenti e capitalizzare sulle opportunità nell'era dell'IA. L'intelligenza artificiale non è solo una serie di strumenti tecnologici; è un catalizzatore di trasformazione che richiede un approccio olistico. Gli imprenditori devono essere in grado di navigare tra i progressi tecnologici, di comprendere le dinamiche del mercato e di mantenere una connessione significativa con le esigenze dei loro utenti.

La consapevolezza etica e la responsabilità sociale sono fili conduttori che devono attraversare tutte le fasi del lavoro online con l'IA. L'impatto delle decisioni prese nell'ambito dell'IA non è limitato alla sfera aziendale ma può influenzare la società nel suo complesso. Gli imprenditori devono essere consapevoli delle implicazioni etiche delle loro azioni, lavorando verso un futuro digitale che rispetti valori fondamentali come l'equità, la diversità e la sostenibilità.

In conclusione, lo sviluppo di una mentalità imprenditoriale nel lavoro online con l'IA è un viaggio dinamico e articolato. Richiede un impegno continuo nella ricerca della conoscenza, nell'adattamento a nuovi scenari e nella costruzione di relazioni significative. L'integrazione di competenze tecnologiche, etiche e relazionali forma il fondamento di un imprenditorialismo sostenibile nell'era digitale.

Affrontare le sfide e capitalizzare sulle opportunità richiede una visione lungimirante, unita a una capacità di apprendimento continuo e a una mentalità aperta all'innovazione. Gli imprenditori online devono essere architetti della propria crescita, ma anche attenti alle dinamiche etiche e sociali che plasmano il contesto in cui operano.

In questo ambiente dinamico, l'IA è una risorsa potente, ma la vera chiave del successo risiede nella capacità umana di adattarsi, innovare e creare valore. Il futuro del lavoro online con l'IA è un terreno fertile per coloro che abbracciano la sfida di essere non solo tecnologicamente competenti ma anche eticamente responsabili.

L'analisi delle potenzialità di guadagno nel lungo termine attraverso l'intelligenza artificiale (IA) rivela un panorama in continua evoluzione, intriso di opportunità e sfide. Nel contesto economico attuale, l'IA si sta affermando come uno dei motori principali della trasformazione digitale, offrendo una gamma diversificata di possibilità di guadagno per individui, imprese e settori industriali.

Per gli individui, l'IA presenta una serie di prospettive di carriera e guadagno nel lungo periodo. La crescente domanda di professionisti con competenze nell'IA apre la strada a ruoli specializzati, come sviluppatori di algoritmi, scienziati dei dati, ingegneri dell'IA e analisti di machine learning. Le competenze avanzate in queste aree non solo rendono gli individui altamente richiesti sul mercato del lavoro, ma anche suscettibili di percepire salari competitivi nel lungo termine.

Parallelamente, l'IA consente la creazione di nuovi modelli di business e opportunità imprenditoriali. Gli imprenditori che sanno capitalizzare sulle tecnologie intelligenti possono sviluppare prodotti e servizi innovativi, conquistando una fetta di mercato in rapida crescita. L'automazione e l'ottimizzazione che l'IA porta con sé possono anche migliorare l'efficienza operativa, contribuendo così a una maggiore redditività nel lungo periodo.

Nel contesto aziendale, l'implementazione dell'IA può portare a guadagni sostanziali nel lungo termine. L'automazione dei processi aziendali, la personalizzazione delle esperienze cliente e l'analisi predittiva basata sull'IA possono migliorare l'efficacia operativa, ridurre i costi e aumentare la produttività. Le imprese che adottano in modo strategico l'IA possono conseguire un vantaggio competitivo significativo, posizionandosi per il successo finanziario nel tempo.

Settori industriali come la sanità, la finanza e la produzione possono beneficiare in modo sostanziale dall'IA nel lungo termine. L'automazione dei processi sanitari, l'analisi dei dati finanziari basata sull'IA e la gestione intelligente della catena di approvvigionamento sono solo alcune delle applicazioni che promettono di rivoluzionare interi settori. Queste innovazioni non solo possono migliorare l'efficienza e la qualità dei servizi, ma anche generare profitti significativi nel corso del tempo.

Da un punto di vista sociale ed economico, l'IA può contribuire alla creazione di nuovi mercati e opportunità di lavoro. Mentre alcune occupazioni tradizionali possono essere automatizzate, l'evoluzione tecnologica crea parallelamente nuovi ruoli e settori che richiedono competenze umane irriproducibili dalle macchine. La formazione e l'adattamento costante diventano chiavi per sfruttare appieno le potenzialità di guadagno a lungo termine nell'era dell'IA.

Tuttavia, è essenziale affrontare le sfide correlate all'IA, come il rischio di disuguaglianze economiche e la potenziale perdita di posti di lavoro tradizionali. La definizione di politiche e strategie che bilanciano l'innovazione tecnologica con la tutela dei lavoratori è cruciale per garantire un progresso sostenibile e inclusivo.

Le potenzialità di guadagno nel lungo termine attraverso l'IA sono vastissime, ma richiedono un approccio olistico e consapevole. Gli individui devono investire nelle competenze richieste, le imprese devono adottare strategie intelligenti, e la società nel suo complesso deve navigare questo cambiamento con equità e responsabilità.

La via verso il successo finanziario nel lungo periodo nell'era dell'IA è intricata, ma offre un terreno fertile per coloro che sono disposti a innovare e adattarsi a questo nuovo paradigma tecnologico.

In questo scenario di rapida evoluzione tecnologica, la capacità di comprendere e navigare nel mondo complesso dell'IA diventa una risorsa inestimabile. Gli individui che sviluppano competenze avanzate nel campo dell'apprendimento automatico, dell'analisi dei dati e della programmazione orientata all'IA saranno in una posizione privilegiata per capitalizzare sulle opportunità emergenti nel lungo termine.

La formazione continua è fondamentale per mantenere un vantaggio competitivo. Data la natura dinamica dell'IA, dove nuovi algoritmi e modelli emergono regolarmente, gli individui devono impegnarsi in percorsi educativi mirati per rimanere al passo con le ultime tendenze. Questo impegno costante nella formazione non solo consolida le competenze esistenti, ma apre anche la strada a nuove possibilità di guadagno.

La capacità di applicare l'IA in contesti diversificati diventa un elemento distintivo. Gli individui che possono integrare le competenze dell'IA in settori eterogenei, come l'arte, la medicina, o la consulenza aziendale, avranno la flessibilità di sfruttare opportunità di guadagno in settori in continua trasformazione. La trasversalità delle competenze diventa quindi cruciale per adattarsi ai cambiamenti in corso e diversificare le fonti di reddito nel lungo periodo.

Per le imprese, la capacità di innovare attraverso l'IA richiede una cultura organizzativa incentrata sulla sperimentazione e l'adattamento continuo. Gli investimenti strategici in ricerca e sviluppo, insieme a partnership collaborative nell'ecosistema dell'IA, possono posizionare le imprese per capitalizzare sulle tecnologie emergenti e ottenere guadagni sostenibili nel tempo.

L'analisi predittiva basata sull'IA diventa uno strumento chiave per guidare le decisioni aziendali nel lungo termine. La capacità di interpretare grandi volumi di dati e tradurli in *insights* significativi consente alle imprese di anticipare tendenze di mercato, ottimizzare operazioni e migliorare l'esperienza del cliente. Questo approccio basato sui dati diventa un driver cruciale per la redditività e la sostenibilità aziendale.

Allo stesso tempo, è fondamentale affrontare le questioni etiche associate all'IA. L'attenzione alla trasparenza, alla responsabilità e all'impatto sociale diventa un elemento non negoziabile per garantire guadagni a lungo termine che rispettino valori fondamentali e costruiscano fiducia con i consumatori.

Infine, l'interconnessione globale offre opportunità di guadagno nel lungo periodo attraverso la collaborazione internazionale e la partecipazione a progetti globali. La creazione di reti professionali e l'accesso a mercati internazionali possono ampliare il campo delle opportunità di guadagno e consolidare la posizione di un individuo o di un'impresa nell'ecosistema globale dell'IA.

In conclusione, il panorama delle potenzialità di guadagno nel lungo termine attraverso l'IA è vasto e dinamico.

Gli individui e le imprese che abbracciano una mentalità di apprendimento continuo, innovazione, responsabilità etica e adattamento alle mutevoli dinamiche del mercato sono ben posizionati per capitalizzare sulle opportunità emergenti. Nel lungo termine, il successo finanziario attraverso l'IA non è solo legato alle competenze tecniche, ma anche alla capacità di navigare in un ambiente in costante cambiamento con sagacia e lungimiranza.

L'esplorazione delle tendenze emergenti nell'ecosistema del lavoro online rivela un panorama dinamico e in rapida evoluzione. In questo contesto sempre più interconnesso, le modalità tradizionali di impiego stanno cedendo il passo a nuove forme di organizzazione del lavoro, modellate dall'avvento delle tecnologie digitali. Uno dei tratti distintivi di questa trasformazione è rappresentato dall'ascesa del lavoro freelance e della gig economy. Sempre più professionisti scelgono vie lavorative caratterizzate da una maggiore flessibilità, abbracciando la possibilità di collaborare su progetti specifici e di adattare il proprio orario di lavoro alle esigenze personali.

Questo modello, facilitato da piattaforme online specializzate, sta ridefinendo il concetto stesso di impiego tradizionale.

Parallelamente, l'introduzione di tecnologie avanzate, come l'intelligenza artificiale e l'automazione, sta ridefinendo il panorama delle competenze richieste. Se da un lato alcune mansioni possono essere automatizzate, dall'altro emergono nuove opportunità legate allo sviluppo e alla gestione di queste tecnologie. La necessità di adattarsi a queste dinamiche in evoluzione spinge i lavoratori a investire continuamente nella formazione e ad acquisire competenze altamente specializzate.

La globalizzazione del lavoro online rappresenta un altro elemento fondamentale di questa trasformazione. Le barriere geografiche si stanno abbattendo, permettendo ai professionisti di connettersi con opportunità in tutto il mondo.

Questo collegamento globale apre nuovi orizzonti per la collaborazione, ma al contempo solleva questioni legate alla gestione delle differenze culturali e alle variazioni nelle norme lavorative.

L'importanza delle competenze soft si accentua in un ambiente digitale. Capacità come la comunicazione efficace, la gestione del tempo e la resilienza diventano elementi chiave per il successo nel lavoro online, dove le interazioni sono spesso mediare da schermi digitali. La capacità di costruire relazioni significative e di adattarsi a scenari in evoluzione diventa cruciale per la riuscita professionale.

L'ascesa delle piattaforme di lavoro online, che facilitano la connessione tra domanda e offerta di lavoro, è un elemento centrale di questa trasformazione. Tuttavia, la presenza di queste piattaforme solleva questioni concernenti la sicurezza, i diritti dei lavoratori e la stabilità occupazionale, richiedendo una riflessione attenta sul futuro di questo modello di impiego.

L'emergere di nuovi paradigmi di lavoro ibrido, che combinano la presenza fisica con il lavoro online, rappresenta un ulteriore elemento di questa evoluzione. La possibilità di collaborare attraverso strumenti digitali sta ridefinendo il concetto di spazio di lavoro e apre la strada a nuove forme di organizzazione e gestione delle attività lavorative.

In conclusione, l'ecosistema del lavoro online si configura come un terreno fertile per l'innovazione e il cambiamento. Le tendenze emergenti delineano un futuro in cui la flessibilità, l'adattabilità e la continua ricerca di competenze rappresentano le chiavi del successo. Esplorare queste dinamiche in evoluzione è essenziale per comprendere appieno le opportunità e le sfide che caratterizzano il mondo del lavoro del XXI secolo.

L'evoluzione dell'ecosistema del lavoro online è in costante mutamento, plasmato da una serie di fattori che ne ridefiniscono le dinamiche. Uno degli aspetti più significativi è rappresentato dalla crescente adozione del lavoro freelance e dalla proliferazione della gig economy. Questo cambiamento fondamentale nel modo in cui concepiamo l'occupazione è alimentato dall'avvento di piattaforme digitali specializzate che collegano lavoratori e committenti in un ambiente virtualizzato. Il lavoro freelance, con la sua enfasi sulla flessibilità, consente ai professionisti di scegliere quando e dove lavorare, adattando le proprie attività alle esigenze personali. Questa flessibilità non solo risponde alle aspettative dei lavoratori moderni, desiderosi di bilanciare la vita professionale con quella personale, ma contribuisce anche a ridefinire la nozione stessa di carriera lineare e a tempo pieno.

Inoltre, l'avvento delle tecnologie emergenti, come l'intelligenza artificiale e l'automazione, sta ridefinendo il quadro delle competenze richieste. Se da un lato l'automazione può comportare la riduzione di alcune mansioni, dall'altro emergono nuovi ruoli che richiedono competenze avanzate in ambiti come l'apprendimento automatico, l'analisi dei dati e lo sviluppo di algoritmi. L'adattamento costante e l'investimento nella formazione diventano quindi essenziali per rimanere competitivi in questo scenario in rapida evoluzione.

La globalizzazione del lavoro online, facilitata dall'eliminazione delle barriere geografiche, apre nuove prospettive.

Professionisti e aziende possono collaborare in modo più diretto, indipendentemente dalla loro posizione geografica.

Tuttavia, questa connessione globale pone anche sfide legate alla gestione delle differenze culturali, ai fusi orari e alle normative lavorative, richiedendo una maggiore consapevolezza e flessibilità.

L'importanza delle competenze soft, quali la comunicazione efficace e la capacità di gestire relazioni virtuali, assume un ruolo centrale nell'ecosistema del lavoro online. In un contesto in cui le interazioni avvengono attraverso schermi digitali, la capacità di trasmettere idee in modo chiaro e di costruire rapporti remoti diventa fondamentale per il successo professionale.

Le piattaforme di lavoro online, che fungono da intermediari tra lavoratori e committenti, stanno diventando un elemento sempre più centrale in questo panorama.

Sebbene forniscono accesso a una vasta gamma di opportunità, sollevano anche questioni legate alla sicurezza, ai diritti dei lavoratori e alla stabilità occupazionale. La definizione di standard etici e normative adeguate diventa cruciale per garantire un ambiente di lavoro equo e sostenibile.

L'ibridazione tra lavoro in presenza e lavoro online rappresenta un'altra evoluzione significativa. La possibilità di svolgere attività lavorative attraverso strumenti digitali ridefinisce il concetto stesso di ufficio, introducendo nuove modalità di organizzazione del lavoro e di gestione delle attività professionali.

In conclusione, l'esplorazione dell'ecosistema del lavoro online rivela un panorama intricato e dinamico, plasmato da molteplici influenze. La flessibilità, l'adattabilità e l'investimento in competenze chiave emergono come pilastri fondamentali per prosperare in questo ambiente in continua evoluzione. Continuare a esplorare e comprendere queste dinamiche è essenziale per anticipare le sfide e cogliere le opportunità che caratterizzano il futuro del lavoro.

COMPRENSIONE DELL'IA

Spiegazione di base sull'Intelligenza Artificiale e come viene utilizzata per creare opportunità di guadagno online

La comprensione profonda dell'Intelligenza Artificiale (IA) è imprescindibile per esplorare appieno le dinamiche in rapida evoluzione del guadagno online. L'IA, una disciplina informatica all'avanguardia, si propone di creare sistemi capaci di eseguire compiti che richiedono un livello di intelligenza simile a quello umano. Questa potente intelligenza artificiale si inserisce in diversi ambiti online, aprendo nuove prospettive e presentando nuove sfide che richiedono una comprensione approfondita.

A un livello di base, l'IA sfrutta l'elaborazione avanzata dei dati e il machine learning per emulare alcune funzioni cognitive umane. Nel contesto del guadagno online, l'applicazione dell'IA è estremamente versatile, contribuendo in modi innovativi a ottimizzare processi, aumentare l'efficienza operativa e plasmare esperienze più personalizzate per gli utenti.

Esplorando il mondo del marketing e dell'e-commerce, l'IA si pone come una risorsa fondamentale.

La sua abilità di analizzare ingenti quantità di dati utente e modelli comportamentali consente agli operatori di individuare tendenze e pattern.

Questa analisi profonda permette di personalizzare le offerte in base alle preferenze individuali degli utenti, creando non solo un'esperienza utente migliorata ma anche solide opportunità di guadagno attraverso strategie di marketing mirate e programmi di fedeltà.

Nel settore della produzione di contenuti online, l'IA offre soluzioni creative e tempestive. La sua capacità di generare testi, immagini e video in modo automatico rappresenta un catalizzatore per la produzione efficiente e la diversificazione dei contenuti. Ciò non solo risparmia tempo agli operatori online ma apre nuove frontiere creative, consentendo l'esplorazione di formati innovativi e approcci originali.

Oltre a facilitare la produzione di contenuti, l'IA è coinvolta attivamente nella gestione e nell'analisi di dati complessi. Nei settori finanziari online, l'IA offre un contributo significativo analizzando modelli finanziari, fornendo previsioni e identificando tendenze di mercato. Questa prospettiva avanzata si traduce in una migliore ottimizzazione delle strategie di guadagno e decisioni informate.

La chiave per sfruttare appieno le opportunità dell'IA nel guadagno online è comprendere il suo ruolo dinamico nel ridefinire le dinamiche lavorative digitali. Non si tratta solo di un supporto tecnologico, ma di un alleato che, se ben compreso e integrato, può portare a una trasformazione profonda nel modo in cui concepiamo il lavoro e il guadagno online. La collaborazione sempre più stretta tra competenze umane e intelligenza artificiale è destinata a plasmare un futuro digitale in cui creatività, efficienza e innovazione convergono in modi che solo l'IA può rendere possibili.

L'Intelligenza Artificiale non è solamente una tecnologia avanzata; è un cambiamento di paradigma nel modo in cui concepiamo il lavoro e il guadagno online. Approfondendo la comprensione dell'IA, emergono nuove dimensioni che spaziano dalla personalizzazione delle esperienze utente all'automazione dei processi decisionali, dalla creazione di contenuti innovativi all'analisi predittiva delle dinamiche di mercato.

Considerando il ruolo cruciale dell'IA nella personalizzazione delle esperienze utente, si apre un mondo di opportunità per gli operatori online. Attraverso l'analisi avanzata dei dati comportamentali, l'IA non solo identifica le preferenze individuali degli utenti ma anticipa anche le loro esigenze. Questa capacità di anticipazione non solo migliora la soddisfazione dell'utente ma apre anche le porte a strategie di vendita più mirate e personalizzate, contribuendo in modo significativo alle opportunità di guadagno.

Nel contesto della produzione di contenuti, l'IA non è solo

uno strumento di automazione ma un partner creativo. La sua abilità di generare testi persuasivi, immagini accattivanti e video coinvolgenti non solo semplifica il processo creativo ma può anche ispirare nuove idee e approcci. Questa sinergia tra intelligenza umana e artificiale si traduce in contenuti più raffinati e attraenti, potenziando le possibilità di guadagno per coloro che operano online.

L'automazione dei processi decisionali è un'altra sfaccettatura dell'IA che influisce direttamente sulle strategie di guadagno online.

Nei settori finanziari, l'IA non solo analizza dati complessi ma fornisce anche raccomandazioni informate per decisioni strategiche. Questa assistenza decisionale può significativamente migliorare l'efficacia delle operazioni finanziarie online, creando un ambiente più sicuro e guidato da dati.

Infine, l'analisi predittiva offerta dall'IA si rivela cruciale nel contesto del guadagno online. La capacità di anticipare tendenze di mercato, comportamenti degli utenti e cambiamenti nell'ambiente digitale fornisce una prospettiva avanzata per adattare le strategie di guadagno in tempo reale. Questo non solo conferisce un vantaggio competitivo ma permette anche di essere proattivi nelle risposte alle dinamiche in evoluzione del mercato.

In sintesi, la comprensione dell'IA nel contesto del guadagno online va oltre la mera consapevolezza tecnologica. Rappresenta l'opportunità di sfruttare appieno le potenzialità di questa rivoluzione digitale, trasformando la nostra visione del lavoro online e aprendo nuovi orizzonti di guadagno. La collaborazione tra intelligenza umana e artificiale è la chiave per un futuro digitale prospero e ricco di opportunità che attendono solo di essere esplorate e sfruttate a pieno.

Nel contesto del lavoro online, l'Intelligenza Artificiale (IA) emerge come un catalizzatore di trasformazioni significative, introducendo una serie di applicazioni pratiche che ridefiniscono il modo in cui concepiamo e svolgiamo le attività lavorative.

Esaminiamo da vicino alcuni esempi concreti di come l'IA si inserisce in questo panorama dinamico, contribuendo a plasmare il presente e il futuro del guadagno online.

Un primo esempio tangibile è rappresentato dall'uso esteso di assistenti virtuali e *chatbot*. Nei servizi online, questi strumenti alimentati da intelligenza artificiale svolgono un ruolo chiave nel migliorare l'esperienza dell'utente, fornendo supporto in tempo reale e rispondendo a domande frequenti. Questa applicazione non solo ottimizza l'interazione utente, ma libera anche risorse umane per attività più complesse.

Un secondo ambito in cui l'IA si dimostra cruciale è nella ricerca avanzata e nell'analisi dei dati. Nei settori che richiedono l'esplorazione di grandi *dataset*, come la ricerca di mercato online e l'analisi finanziaria, l'IA offre strumenti potenti per identificare pattern, analizzare tendenze di mercato e individuare opportunità di guadagno.

La personalizzazione delle raccomandazioni rappresenta un terzo esempio rilevante. Piattaforme online sfruttano l'IA per analizzare dati comportamentali, offrendo agli utenti raccomandazioni personalizzate su contenuti, prodotti o opportunità di lavoro online. Questo approccio mirato non solo migliora l'esperienza dell'utente ma apre anche possibilità di guadagno attraverso offerte su misura.

In un quarto scenario, l'IA facilita il filtraggio e la classificazione automatica di grandi volumi di dati. Questo processo è ampiamente utilizzato nelle piattaforme di lavoro freelance e di crowdsourcing, accelerando la selezione di progetti adatti alle competenze degli operatori online e massimizzando le opportunità di guadagno.

L'automazione delle attività ripetitive rappresenta un quinto esempio, coinvolgendo settori come l'editing fotografico e la produzione di contenuti visivi. L'IA consente di eseguire automaticamente operazioni come il ritocco delle immagini o la generazione di grafica, semplificando la produzione di contenuti e consentendo agli operatori di concentrarsi su attività più creative.

Un'applicazione chiave dell'IA è anche la previsione delle frodi online, che è cruciale nelle transazioni finanziarie e nelle attività commerciali online. Gli algoritmi di rilevamento anomalo analizzano i modelli di comportamento, identificando transazioni sospette e proteggendo operatori online e consumatori da attività fraudolente.

L'IA è coinvolta nel riconoscimento vocale e nella trascrizione automatica, semplificando la creazione di contenuti basati su audio e video. Questo è particolarmente rilevante nel contesto del lavoro online che coinvolge la produzione di contenuti multimediali.

L'IA ottimizza campagne pubblicitarie, analizzando dati demografici, comportamentali e di interazione degli utenti.

Questo consente la creazione di strategie pubblicitarie più efficaci, massimizzando il ritorno sugli investimenti per coloro che cercano opportunità di guadagno attraverso il marketing digitale.

Il sesto scenario di applicazione dell'IA riguarda l'automazione dei processi decisionali. Nei settori finanziari online, ad esempio, l'IA non solo analizza dati complessi ma fornisce anche raccomandazioni informate per decisioni strategiche. Questo contribuisce significativamente a migliorare l'efficacia delle operazioni finanziarie online, creando un ambiente più sicuro e guidato dai dati.

Un settimo esempio è rappresentato dall'IA nel contesto delle transazioni finanziarie e delle attività commerciali online per la prevenzione delle frodi. Gli algoritmi di rilevamento anomalo analizzano i modelli di comportamento degli utenti e identificano transazioni sospette, proteggendo sia gli operatori online che i consumatori da attività fraudolente.

Il riconoscimento vocale e la trascrizione automatica costituiscono un ottavo esempio di come l'IA facilita il lavoro online. Questi strumenti semplificano la creazione di contenuti basati su audio e video, migliorando la comprensione e la condivisione di informazioni attraverso diverse piattaforme.

Il nono scenario si concentra sui sistemi di raccomandazione per lavori freelance. Le piattaforme online utilizzano l'IA per suggerire progetti adatti alle competenze degli operatori, analizzando il profilo dell'utente, le competenze e le esperienze passate. Questo approccio personalizzato favorisce una migliore corrispondenza tra gli operatori online e le opportunità di guadagno.

Il decimo esempio riguarda l'ottimizzazione delle campagne pubblicitarie. Nel marketing online, l'IA analizza dati demografici, comportamentali e di interazione degli utenti per suggerire strategie pubblicitarie più efficaci. Ciò massimizza il ritorno sugli investimenti per coloro che cercano opportunità di guadagno attraverso il marketing digitale.

L'undicesimo scenario coinvolge lo sviluppo di applicazioni di apprendimento automatico. Nel settore delle app e dei servizi online, gli sviluppatori utilizzano l'IA per creare applicazioni avanzate che offrono servizi come il riconoscimento facciale, la traduzione linguistica avanzata e l'analisi di sentimenti, aprendo nuove vie di guadagno nel mondo delle applicazioni online.

In sintesi, questi esempi illustrano come l'IA permei in modo significativo il lavoro online, trasformando la natura delle attività, ottimizzando processi e aprendo nuove frontiere di guadagno. Il futuro del lavoro digitale sarà sempre più influenzato da questa sinergia tra intelligenza umana e artificiale, promettendo innovazione continua e opportunità senza precedenti nel vasto panorama del guadagno online.

Approfondimento sulle varie forme di
intelligenza artificiale: apprendimento
automatico, reti neurali, ecc.

L'intelligenza artificiale (IA) costituisce un affascinante panorama di innovazione tecnologica, dove diverse forme convergono per ridefinire le modalità di apprendimento e di analisi dei dati. Tra queste, il machine *learning* si erge come una pietra miliare, permeando numerosi settori con la sua capacità di apprendere da dati e migliorare le performance senza una programmazione esplicita.

Il *supervised learning* è uno degli approcci principali, in cui l'algoritmo apprende da un insieme di dati etichettati. Ad esempio, nell'ambito del riconoscimento di immagini, l'algoritmo può essere allenato su una vasta collezione di immagini etichettate con categorie specifiche, per poi essere in grado di riconoscere autonomamente queste categorie in nuove immagini.

Il *unsupervised learning*, invece, si concentra sull'analisi di dati non etichettati per rivelare pattern nascosti e relazioni intrinseche. Questo approccio è particolarmente utile quando si tratta di esplorare *dataset* complessi e di ottenere una comprensione più profonda delle strutture sottostanti.

Il *reinforcement learning*, ispirato al concetto di apprendimento per rinforzo, coinvolge un agente che impara attraverso l'interazione con un ambiente. L'agente riceve feedback sotto forma di ricompense o penalizzazioni in base alle azioni intraprese, affinando così le sue strategie nel tempo.

Parallelamente, le reti neurali costituiscono un pilastro dell'IA ispirato al funzionamento del cervello umano. Le reti neurali artificiali, composte da neuroni artificiali interconnessi, sono fondamentali per il *deep learning*, un sottoinsieme di machine *learning* che utilizza strati multipli di neuroni per creare modelli complessi in grado di apprendere rappresentazioni stratificate dei dati.

Le reti neurali *convoluzionali* (CNN) sono particolarmente efficaci nell'analisi di dati bidimensionali, come immagini, grazie alla capacità di riconoscere pattern in modo gerarchico. Le reti neurali ricorrenti (RNN), d'altra parte, sono progettate per lavorare con dati sequenziali, rendendole ideali per applicazioni legate al linguaggio naturale e alla previsione di serie temporali.

L'IA evolutiva si ispira al processo di selezione naturale, generando popolazioni di soluzioni e applicando operatori evolutivi per selezionare le soluzioni più adatte.

Questo approccio trova applicazioni in problemi complessi e dinamici, contribuendo a ottimizzare soluzioni in maniera evolutiva.

Oltre a queste forme consolidate di IA, nuovi paradigmi continuano a emergere. L'IA quantistica, basata sui principi della meccanica quantistica, promette di rivoluzionare il modo in cui elaboriamo informazioni. L'IA simbolica, utilizzando rappresentazioni simboliche, si avvicina alla comprensione del conoscibile in modo più analogo alla mente umana.

In questa corsa all'innovazione, la diversità di approcci e metodologie testimonia la ricchezza del campo dell'IA. Il suo impatto si riflette in una serie di applicazioni, dall'analisi dei dati alla previsione, dalla visione artificiale alla traduzione automatica e oltre. Navigare queste frontiere richiede una comprensione approfondita delle sottigliezze di ciascun approccio e la capacità di applicarli in contesti specifici.

Continuare a esplorare le varie forme di intelligenza artificiale è essenziale per anticipare le sfide e cogliere appieno le opportunità che caratterizzano questo territorio in continua evoluzione. L'IA non è solo una tecnologia emergente; è una forza trainante che plasma il nostro modo di vivere, lavorare e comprendere il mondo che ci circonda.L'approfondimento sulle diverse forme di intelligenza artificiale getta uno sguardo approfondito in un mondo intricato di innovazione e complessità. Tra le varie sfaccettature dell'IA, il machine learning (apprendimento automatico) è una pietra angolare, dove gli algoritmi imparano e si adattano automaticamente attraverso l'esperienza. Questa disciplina si articola in diverse categorie, ciascuna con applicazioni specifiche e uniche modalità di apprendimento.

Il *supervised learning*, ad esempio, è ampiamente utilizzato nelle applicazioni di riconoscimento e classificazione, in cui il modello apprende da un set di dati precedentemente etichettati. Questo approccio consente all'algoritmo di generalizzare le proprie conoscenze e di fare previsioni su nuovi dati in base a quanto appreso.

Il *unsupervised learning*, d'altra parte, si concentra sull'identificazione di pattern e relazioni in dati non etichettati. *Clusterizzazione* e riduzione della dimensionalità sono applicazioni comuni di questo tipo di apprendimento, permettendo di estrarre informazioni significative da *dataset* complessi e non strutturati.

Il *reinforcement learning*, ispirato al concetto di apprendimento per rinforzo, è spesso utilizzato in contesti di interazione agente-ambiente. L'agente apprende attraverso la sperimentazione, ricevendo feedback sotto forma di ricompense o penalizzazioni in base alle sue azioni. Questo approccio è particolarmente efficace in applicazioni quali giochi, robotica e sistemi di controllo.

Le reti neurali, ispirate al funzionamento del cervello umano, costituiscono un altro pilastro dell'IA. Le reti neurali artificiali sono composte da layer di neuroni interconnessi, e il *deep learning* sfrutta reti neurali con strati multipli per modellare rappresentazioni complesse. Le reti neurali *convoluzionali* sono specializzate nell'analisi di dati bidimensionali, come immagini, mentre le reti neurali ricorrenti sono progettate per dati sequenziali, rendendole idonee per il linguaggio naturale e le previsioni temporali.

L'IA evolutiva, basata sul concetto di selezione naturale, offre un approccio innovativo alla risoluzione di problemi complessi. Attraverso la generazione di popolazioni di soluzioni e l'applicazione di operatori evolutivi, questa metodologia si adatta e evolve nel tempo, trovando applicazioni in settori come l'ottimizzazione e la progettazione automatica.

Oltre a queste forme consolidate, emergono nuove frontiere. L'IA quantistica sfrutta i principi della meccanica quantistica per elaborare informazioni in modi al momento impensabili per i computer classici. L'IA simbolica, con il suo utilizzo di rappresentazioni simboliche, si avvicina alla comprensione del conoscibile in modo più analogo alla mente umana.

In questo universo in continua espansione, la diversità di approcci testimonia la ricchezza e la complessità dell'IA.

Il suo impatto non si limita alla tecnologia, ma permea ogni aspetto della nostra società, dall'assistenza sanitaria alla finanza, dalla mobilità alla sicurezza.

Continuare a sondare le profondità delle diverse forme di intelligenza artificiale è fondamentale per comprendere appieno le opportunità e le sfide che plasmeranno il nostro futuro.

L'IA è un viaggio senza fine, una scoperta incessante di nuove potenzialità e il segreto per decifrare il linguaggio segreto del nostro mondo digitale.L'analisi approfondita sulle diverse forme di intelligenza artificiale rivela un panorama straordinario di innovazione e potenziale.

Nel contesto del machine *learning*, il *supervised learning* offre la possibilità di addestrare algoritmi su dati etichettati, ampliando le prospettive di applicazioni in settori quali il riconoscimento di immagini e la classificazione. Il *unsupervised learning*, invece, apre le porte a un'*exploratory* data *analysis* più profonda, consentendo la scoperta di pattern e relazioni in dataset complessi e non strutturati. Il *reinforcement learning*, attraverso l'apprendimento basato su ricompense e penalizzazioni, trova applicazioni in scenari dinamici, dall'addestramento di agenti virtuali ai sistemi di controllo autonomo.

Le reti neurali, fondamentali nell'architettura dell'IA, offrono un approccio ispirato alla biologia, consentendo alle macchine di apprendere rappresentazioni complesse.

Le reti neurali *convoluzionali* rivelano la loro potenza nell'analisi di immagini, mentre le reti neurali ricorrenti trovano applicazioni nell'elaborazione del linguaggio naturale e nella comprensione di sequenze. Il *deep learning*, sfruttando strati multipli di neuroni, contribuisce a modellare concetti astratti e complessi, aprendo la strada a nuove frontiere di comprensione. L'IA evolutiva, basata sul principio della selezione naturale, si distingue per la sua capacità di affrontare problemi complessi attraverso l'evoluzione di soluzioni ottimali. Questo approccio trova terreno fertile nell'ottimizzazione di processi e nella progettazione di sistemi complessi. L'IA quantistica, con la sua capacità di sfruttare la sovrapposizione quantistica, promette di rivoluzionare il modo in cui elaboriamo informazioni, aprendo la strada a nuovi paradigmi computazionali.

Tuttavia, la ricerca nell'IA è in costante evoluzione, e nuove frontiere continuano a emergere. L'IA simbolica, ancorata alla rappresentazione simbolica della conoscenza, si avvicina a una comprensione più concettuale e interpretabile dei dati. La convergenza di queste diverse forme di intelligenza artificiale promette di creare sinergie uniche, aprendo scenari inimmaginabili fino a pochi anni fa.

In conclusione, il viaggio nell'intelligenza artificiale è un percorso senza fine. La sua capacità di apprendere, adattarsi e innovare in maniera continua rappresenta la chiave per affrontare sfide complesse e creare soluzioni avanzate. L'IA non è solo una tecnologia; è un partner nella ricerca della conoscenza, un facilitatore nell'ottimizzazione dei processi e un motore di progresso senza pari. Navigare questo mondo richiede un impegno continuo nella comprensione delle sue sfaccettature, sfruttando le molteplici opportunità che offre e guidando la nostra società verso un futuro guidato dall'intelligenza artificiale.

*Discussione sulle implicazioni dell'IA per
settori specifici del lavoro online*

L'influenza dell'intelligenza artificiale (IA) sui settori specifici del lavoro online è un fenomeno che sta trasformando radicalmente le dinamiche occupazionali. Nel contesto dello sviluppo software e della programmazione, l'IA sta introducendo un cambiamento significativo attraverso algoritmi avanzati di automazione del codice. Questi algoritmi, basati su tecniche di machine *learning*, non solo accelerano i tempi di sviluppo, ma stanno anche aprendo nuove prospettive, come la generazione autonoma di codice e la correzione automatica di bug.

Nel campo del marketing digitale, l'IA assume un ruolo sempre più centrale nella raffinazione delle strategie pubblicitarie. Gli algoritmi di analisi predittiva dei dati permettono la personalizzazione delle campagne pubblicitarie in base al comportamento degli utenti, ottimizzando l'efficacia delle campagne e massimizzando il ritorno sugli investimenti. L'automazione delle decisioni strategiche, come la selezione di parole chiave e la gestione su larga scala delle campagne, è un esempio tangibile di come l'IA stia ridefinendo il panorama del marketing digitale.

Nel settore del supporto clienti online, i *chatbot* alimentati da IA stanno raggiungendo livelli di sofisticazione sempre maggiori. Questi assistenti virtuali possono rispondere a domande complesse, risolvere problemi e offrire supporto in tempo reale. Ciò non solo migliora l'esperienza del cliente, ma consente anche alle aziende di gestire volumi crescenti di interazioni senza l'ulteriore aumento di personale umano.

La traduzione e l'interpretariato online sperimentano una rivoluzione grazie ai progressi nell'IA, soprattutto nella machine *translation*. Piattaforme di traduzione automatica, spesso basate su reti neurali, forniscono traduzioni sempre più precise e naturali, superando le barriere linguistiche e facilitando la comunicazione tra individui che parlano lingue diverse.

Nell'e-commerce, l'IA è un elemento chiave per personalizzare le esperienze di acquisto online. Gli algoritmi di raccomandazione analizzano il comportamento passato degli acquirenti per suggerire prodotti pertinenti, migliorando la soddisfazione del cliente e incrementando le conversioni. In aggiunta, l'IA contribuisce alla logistica ottimizzando la gestione degli inventari e la pianificazione delle consegne, portando a una maggiore efficienza operativa e a una riduzione dei costi.

Il settore della salute online è testimone di un impatto profondo dell'IA, particolarmente nella diagnosi medica e nella ricerca clinica. Algoritmi avanzati analizzano grandi *dataset* sanitari per individuare pattern e correlazioni, migliorando la precisione delle diagnosi e accelerando la scoperta di nuovi trattamenti.

Tuttavia, questi sviluppi non sono privi di sfide. L'automazione crescente potrebbe comportare una diminuzione della richiesta di alcune competenze umane, sottolineando l'importanza dell'adattamento costante delle competenze professionali. Inoltre, questioni etiche legate alla privacy dei dati e alla trasparenza degli algoritmi richiedono un approfondimento critico.

Nel panorama in evoluzione del lavoro online, settori chiave come la produzione di contenuti digitali stanno sperimentando profonde trasformazioni grazie all'implementazione dell'intelligenza artificiale (IA). Gli algoritmi di generazione automatica di contenuti stanno emergendo come strumenti potenti, capaci di produrre articoli, rapporti e contenuti creativi con rapidità e precisione. Tuttavia, questa automazione solleva interrogativi sulla creatività umana e sulla qualità del lavoro prodotto, sfide che richiedono un'esplorazione attenta.

Nel campo della progettazione grafica, gli strumenti di AI stanno diventando sempre più sofisticati. Software che integra l'IA può analizzare le tendenze di design, suggerire modifiche e addirittura generare grafiche accattivanti. Questa automazione offre efficienza, ma le questioni sulla personalizzazione e sull'originalità dell'arte creata richiedono una riflessione più approfondita.

Per i professionisti del marketing online, l'IA riveste un ruolo cruciale nell'ottimizzazione delle strategie di contenuto. Gli algoritmi di analisi dei dati possono identificare i trend di consumo e suggerire argomenti di interesse, migliorando la rilevanza e l'impatto delle campagne di marketing. Tuttavia, è essenziale considerare come questo possa influenzare la diversità di opinioni e la pluralità di voci online.

Nel settore dell'insegnamento online, l'IA sta contribuendo a personalizzare l'esperienza educativa.

Sistemi di apprendimento automatico possono adattare i materiali didattici alle esigenze specifiche degli studenti, offrendo un apprendimento più mirato. Allo stesso tempo, le preoccupazioni riguardo alla privacy degli studenti e all'equità nell'accesso alle risorse educative richiedono una valutazione attenta.

L'industria della consulenza online sta assistendo a un'evoluzione con l'introduzione di *chatbot* e assistenti virtuali basati su IA. Questi strumenti sono in grado di fornire risposte immediate a domande frequenti, migliorando l'efficienza della comunicazione. Tuttavia, è fondamentale mantenere un equilibrio tra l'automazione e la necessità di interazioni umane autentiche nei servizi di consulenza.

La finanza online sfrutta l'IA per analizzare dati finanziari complessi e prevedere tendenze di mercato. Algoritmi di trading automatico eseguono operazioni in frazioni di secondo, ma ciò solleva questioni etiche e di sicurezza riguardo all'autonomia degli algoritmi nelle decisioni finanziarie.

Mentre l'integrazione dell'IA in settori specifici del lavoro online offre vantaggi evidenti in termini di efficienza e personalizzazione, è cruciale considerare gli impatti sulla creatività, sull'equità, sulla sicurezza e sulla qualità del lavoro. L'adattamento responsabile di queste tecnologie richiede una riflessione continua sull'etica e sulla governance per garantire un futuro digitale sostenibile e inclusivo.

Proseguendo nella nostra esplorazione delle implicazioni

dell'intelligenza artificiale (IA) per settori specifici del lavoro online, è essenziale considerare ulteriori aspetti e sfumature.

Nel settore della produzione di contenuti digitali, l'IA sta ridefinendo la dinamica tra creatività umana e automazione. Gli algoritmi di generazione di contenuti stanno consentendo una produzione più rapida, ma sorgono domande fondamentali sulla capacità di emulare l'unicità e la sottigliezza della creatività umana.

Affrontare questa sfida implica una ricerca continua di un equilibrio tra l'efficienza delle macchine e il tocco distintivo degli esseri umani.

La progettazione grafica, con l'assistenza dell'IA, è in grado di offrire suggerimenti basati su dati e generare grafiche accattivanti. Tuttavia, la sfida qui è garantire che tali strumenti migliorino la produttività senza compromettere l'originalità e la diversità nell'espressione artistica.

Nel marketing online, l'impiego dell'IA per ottimizzare le strategie di contenuto pone l'accento sulla necessità di bilanciare l'efficacia delle campagne con l'importanza della diversità di voci e opinioni. La personalizzazione delle strategie dovrebbe essere guidata da un'attenzione attenta all'etica e alla rappresentazione equa delle prospettive.

Per l'insegnamento online, l'IA offre opportunità di personalizzazione dell'apprendimento, ma è fondamentale affrontare le preoccupazioni legate alla privacy degli studenti e garantire un accesso equo alle risorse educative. La tecnologia dovrebbe essere uno strumento per migliorare l'istruzione, non un mezzo per ampliare le disparità.

Nei servizi di consulenza online, l'introduzione di chatbot e assistenti virtuali richiede una riflessione sulla necessità di mantenere un equilibrio tra l'efficienza dell'automazione e la autenticità delle interazioni umane. La consulenza online dovrebbe continuare a offrire connessioni umane significative, anche con l'ausilio dell'IA.

Infine, nel settore finanziario online, l'IA accelera le analisi e le previsioni, ma la sua autonomia nelle decisioni finanziarie solleva interrogativi etici e di sicurezza. La trasparenza e la responsabilità nell'utilizzo di algoritmi finanziari diventano aspetti chiave per garantire un mercato equo e affidabile.

In conclusione, l'adozione dell'IA in settori specifici del lavoro online apre porte a nuove possibilità e sfide. Siamo chiamati a guidare questo processo in modo etico, bilanciando gli effetti positivi con la considerazione di implicazioni più ampie. L'evoluzione digitale richiede una riflessione continua sulla direzione che vogliamo intraprendere, affinché l'intelligenza artificiale contribuisca in modo costruttivo a un futuro sostenibile e inclusivo.

Considerazioni etiche nell'utilizzo dell'IA per il guadagno online.

Nell'era digitale, l'utilizzo dell'intelligenza artificiale (IA) a fini di guadagno online solleva complesse considerazioni etiche che richiedono un'esplorazione approfondita. La rapidità con cui l'IA si sta integrando nei vari settori economici porta con sé implicazioni profonde che vanno oltre la semplice efficienza operativa.

Uno dei punti critici è la giustizia algoritmica. Gli algoritmi di IA, alimentati da dati storici, rischiano di riprodurre e amplificare disuguaglianze preesistenti. Se i dati utilizzati riflettono pregiudizi culturali o discriminazioni, gli algoritmi potrebbero perpetuare tali ingiustizie nelle decisioni automatizzate. Affrontare questo problema richiede una rigorosa analisi dei dati di addestramento e l'implementazione di strategie per garantire equità e imparzialità.

La trasparenza è un altro elemento cruciale. La complessità degli algoritmi di IA può rendere difficile per gli utenti comprendere le decisioni che influenzano la loro esperienza online. Promuovere la trasparenza significa rendere accessibili le logiche decisionali degli algoritmi, consentendo agli utenti di capire come vengono elaborate le informazioni e influenzate le raccomandazioni.

Parallelamente, emerge la questione della responsabilità. Quando un algoritmo prende decisioni errate o discriminatorie, chi è tenuto a rispondere? La definizione di chiare linee guida di responsabilità diventa fondamentale, siano esse a livello organizzativo o attraverso normative governative, per garantire che l'utilizzo dell'IA sia etico e affidabile.

La protezione della privacy dei dati è un aspetto cruciale, poiché l'IA spesso richiede vasti insiemi di dati per addestrarsi. La raccolta e l'elaborazione di informazioni personali devono rispettare rigorose norme etiche e legali, proteggendo gli individui da abusi o violazioni della loro privacy.

Inoltre, la dipendenza crescente dall'IA solleva domande sulla perdita di controllo umano. Mentre l'automazione avanzata può portare a miglioramenti in termini di efficienza e precisione, è importante mantenere la capacità umana di supervisione e decisione, soprattutto in contesti che richiedono discernimento etico.

La collaborazione tra *stakeholder* è essenziale per affrontare le complesse sfide etiche legate all'IA. Industria, governi, organizzazioni non profit e la società civile devono lavorare insieme per sviluppare norme e regolamentazioni che bilancino l'innovazione tecnologica con l'etica e la responsabilità sociale.

Nel contesto dell'utilizzo dell'intelligenza artificiale (IA) per il guadagno online, un'altra rilevante considerazione etica riguarda la discriminazione algoritmica. Gli algoritmi di IA possono essere intrinsecamente influenzati da pregiudizi presenti nei dati di addestramento. Questo fenomeno può tradursi in decisioni automatizzate che riflettono e, in alcuni casi, amplificano disuguaglianze sociali esistenti. L'importanza di affrontare e mitigare questo rischio sta diventando sempre più evidente, spingendo alla necessità di criteri etici per la raccolta e l'utilizzo dei dati.

Parallelamente, la responsabilità degli sviluppatori e degli utilizzatori di tecnologie basate su IA è un terreno in continua evoluzione.

La complessità degli algoritmi e la loro capacità di apprendimento autonomo rendono difficile stabilire un "colpevole" in caso di decisioni dannose o discriminatorie. Creare norme e regolamentazioni che delimitino chiaramente le responsabilità è essenziale per garantire un utilizzo etico dell'IA e per stabilire criteri chiari in caso di errori o abusi.

Un ulteriore punto di riflessione riguarda la sicurezza degli algoritmi di IA. Poiché questi sistemi operano in contesti sempre più critici, la sicurezza diventa una priorità. Gli algoritmi devono essere robusti contro tentativi di manipolazione o hacking, e le organizzazioni devono implementare protocolli di sicurezza avanzati per proteggere sia i dati che le operazioni automatizzate.

L'aspetto della trasparenza si estende anche alle decisioni finanziarie automatizzate. Con l'IA sempre più coinvolta nelle analisi e nelle previsioni finanziarie, è cruciale garantire che le decisioni siano comprensibili e che gli utenti possano valutare la logica alla base delle raccomandazioni finanziarie automatizzate.

Inoltre, l'IA può influenzare il mercato del lavoro online in modi imprevisti. L'automazione di determinate attività può liberare risorse umane per compiti più creativi e complessi, ma allo stesso tempo può portare a cambiamenti strutturali che richiedono attenzione e adattabilità.

Infine, la diffusione dell'IA richiede una riflessione sulla formazione e la preparazione della forza lavoro. Le competenze richieste nel contesto del guadagno online stanno cambiando rapidamente, e è essenziale implementare programmi di formazione e sviluppo per garantire che le persone possano adeguarsi a questo scenario in evoluzione.

In conclusione, l'adozione dell'IA nel contesto del guadagno online solleva una serie di questioni etiche complesse.

La discriminazione algoritmica, la responsabilità, la sicurezza, la trasparenza, l'impatto sul mercato del lavoro e la preparazione della forza lavoro sono tutti aspetti che richiedono attenzione continua e approfondita. La creazione di un quadro etico solido è cruciale per guidare l'integrazione dell'IA in modo responsabile e sostenibile nel panorama del guadagno online.

L'esplorazione delle potenzialità future dell'intelligenza artificiale (IA) nel contesto lavorativo online apre un orizzonte di opportunità e trasformazioni che plasmeranno profondamente il modo in cui interagiamo con il lavoro digitale. Alcuni sviluppi chiave delineano il percorso di evoluzione di questa tecnologia e il suo impatto sulle dinamiche occupazionali.

Innanzitutto, l'automazione avanzata fornita dall'IA promette di rivoluzionare la produttività e l'efficienza nel lavoro online. Attività ripetitive e routine possono essere affidate agli algoritmi, liberando tempo e risorse umane per attività più complesse e ad alto valore aggiunto. Questo cambiamento potrebbe ridefinire le mansioni lavorative, concentrando l'attenzione su compiti che richiedono creatività, pensiero critico e intelligenza emotiva.

L'IA avanza anche nella personalizzazione delle esperienze lavorative. Attraverso l'analisi dei dati personali, gli algoritmi possono adattare le piattaforme di lavoro online per rispondere in modo più preciso alle esigenze e alle preferenze di ciascun utente. Ciò non solo migliorerà l'efficienza, ma contribuirà anche a creare un ambiente di lavoro più adattato alle caratteristiche individuali di ciascun partecipante.

Un'altra prospettiva interessante è la crescita dell'IA nei servizi di assistenza virtuale. Chatbot e assistenti virtuali possono essere integrati nelle piattaforme di lavoro online per supportare gli utenti nelle attività quotidiane, rispondendo alle domande, fornendo indicazioni e semplificando l'interazione tra gli individui e la tecnologia. Questo potrebbe ridurre il carico di lavoro amministrativo e migliorare l'esperienza globale degli utenti.

La collaborazione umano-macchina è un aspetto chiave delle potenzialità future dell'IA nel lavoro online. La coesistenza sinergica tra intelligenza umana e artificiale può portare a risultati più avanzati e innovativi. Gli algoritmi possono analizzare grandi quantità di dati in modo efficiente, mentre gli esseri umani apportano creatività e intuizione nel processo decisionale. Questa sinergia può generare soluzioni più sofisticate e adattabili ai contesti mutevoli del lavoro online.

La formazione continua e l'aggiornamento delle competenze diventeranno sempre più critici. Con l'evoluzione delle tecnologie basate su IA, le persone devono essere pronte a integrare nuove competenze per rimanere competitive sul mercato del lavoro online. Programmi di formazione dinamici e flessibili saranno essenziali per supportare la forza lavoro nell'acquisire le competenze necessarie per sfruttare appieno le opportunità offerte dall'IA.

In questo contesto, è evidente che le potenzialità future dell'IA nel lavoro online sono in costante espansione. L'innovazione tecnologica, la personalizzazione delle esperienze lavorative, l'assistenza virtuale, la collaborazione umano-macchina e la formazione continua sono solo alcune delle traiettorie che definiranno il futuro del lavoro digitale. Affrontare queste trasformazioni richiederà una mentalità aperta, un adattamento costante e una riflessione continua sulla natura dinamica del lavoro nell'era dell'IA.

L'espansione delle potenzialità future dell'intelligenza artificiale (IA) nel contesto lavorativo online non solo ridefinisce i parametri dell'efficienza e della produttività, ma apre un capitolo completamente nuovo nell'evoluzione della relazione tra tecnologia e lavoro. Uno degli sviluppi più promettenti riguarda la capacità dell'IA di migliorare la predizione delle tendenze del mercato, consentendo agli operatori online di adattarsi in modo più rapido e informato alle dinamiche in continua evoluzione.

Inoltre, l'IA sta progressivamente diventando il motore trainante di nuovi modelli di business online. Attraverso l'analisi avanzata dei dati, le piattaforme possono anticipare le esigenze degli utenti, personalizzando l'offerta di servizi e prodotti in tempo reale. Questo approccio non solo migliora l'esperienza dell'utente ma apre nuove opportunità di guadagno per coloro che operano online.

La previsione accurata dei trend del mercato è strettamente collegata alla capacità dell'IA di analizzare grandi dataset in tempo reale. Questo non solo consente agli operatori di adattarsi rapidamente alle esigenze del mercato, ma offre anche un vantaggio competitivo significativo. Gli algoritmi avanzati possono individuare pattern e correlazioni non immediatamente evidenti agli esseri umani, fornendo una prospettiva unica sulle opportunità emergenti.

L'IA sta anche facilitando la gestione delle risorse umane online. Attraverso sistemi avanzati di analisi delle prestazioni, le piattaforme possono individuare i punti di forza e le aree di sviluppo dei collaboratori, consentendo una gestione più mirata e un potenziamento delle competenze. Ciò non solo migliora la qualità del lavoro, ma può anche contribuire alla creazione di un ambiente di lavoro più inclusivo e collaborativo.

Un ulteriore sviluppo è rappresentato dall'espansione della collaborazione tra umani e macchine. L'IA, integrata nei processi decisionali, può offrire suggerimenti e supporto nelle attività complesse, consentendo agli individui di concentrarsi su compiti più creativi e strategici. Questa sinergia tra intelligenza umana e artificiale promuove una crescita complessiva delle capacità lavorative.

In parallelo, la formazione continua diventa cruciale. L'evoluzione rapida delle tecnologie basate sull'IA richiede un impegno costante nella crescita delle competenze. Programmi di formazione dinamici e accessibili sono essenziali per garantire che la forza lavoro online possa sfruttare appieno le nuove opportunità emergenti.

In conclusione, l'espansione delle potenzialità dell'IA nel contesto lavorativo online apre un panorama di opportunità e sfide senza precedenti. La previsione dei trend del mercato, la personalizzazione delle esperienze, la gestione avanzata delle risorse umane, la collaborazione tra umani e macchine e la formazione continua sono solo alcuni degli aspetti chiave che plasmeranno il futuro del lavoro digitale. Affrontare queste dinamiche richiederà flessibilità, adattamento e un impegno costante nell'esplorare il potenziale illimitato dell'IA nell'ambiente lavorativo online.

L'analisi delle sfide legate all'adattamento continuo alle nuove tecnologie dell'intelligenza artificiale (IA) rivela un panorama complesso e dinamico che richiede un approccio strategico e proattivo da parte di individui e organizzazioni. L'evoluzione rapida delle tecnologie dell'IA pone sfide significative, ma anche opportunità senza precedenti per coloro che sono disposti a investire nell'apprendimento continuo e nell'adattamento alle nuove realtà digitali.

Uno degli ostacoli principali è rappresentato dalla velocità con cui emergono e si diffondono le nuove tecnologie dell'IA. La loro adozione rapida può lasciare molte persone e organizzazioni indietro, creando divari digitali e aumentando il rischio di esclusione sociale e professionale. Affrontare questa sfida richiede un impegno sistematico nell'offrire accesso equo e opportunità di apprendimento a tutte le fasce della società.

Inoltre, l'adattamento alle nuove tecnologie dell'IA implica una revisione dei modelli educativi esistenti. I programmi formativi devono essere progettati per insegnare competenze che rimangono rilevanti nel contesto di un ambiente di lavoro sempre più digitale. L'accento dovrebbe essere posto sull'apprendimento pratico e sull'acquisizione di competenze trasversali come la risoluzione dei problemi, la pensieri critici e la creatività.

La sicurezza rappresenta un'altra sfida significativa. Con l'espansione delle tecnologie dell'IA, emergono nuove minacce legate alla privacy e alla sicurezza dei dati. La protezione delle informazioni personali diventa cruciale, e le organizzazioni devono implementare misure robuste per prevenire violazioni e abusi.

L'integrazione efficace delle nuove tecnologie dell'IA richiede anche un cambiamento culturale nelle organizzazioni. La resistenza al cambiamento può ostacolare l'adozione di nuovi strumenti e metodologie, anche quando offrono vantaggi evidenti. Creare una cultura organizzativa aperta all'innovazione è essenziale per massimizzare i benefici delle nuove tecnologie.

Inoltre, le sfide legate all'adattamento continuo coinvolgono la gestione del cambiamento a livello sociale ed economico. L'automazione avanzata fornita dall'IA può influire sul mercato del lavoro, con la possibilità di rendere alcune mansioni obsolete e creare nuove opportunità in settori emergenti. Affrontare questi cambiamenti richiede politiche di adattamento e riconversione professionale che supportino la transizione degli individui verso nuove opportunità lavorative.

L'analisi delle sfide legate all'adattamento continuo alle nuove tecnologie dell'intelligenza artificiale (IA) svela una serie di dinamiche che influenzano profondamente la nostra interazione con l'innovazione digitale. Una delle complessità principali è la velocità con cui queste tecnologie emergono e si diffondono, sfidando l'abilità delle persone e delle organizzazioni di tenere il passo. Questa corsa accelerata verso l'innovazione richiede una riconsiderazione dei modelli educativi e un impegno costante nell'aggiornamento delle competenze.

In questa cornice, la disparità nell'accesso e nell'opportunità di apprendimento rappresenta un ostacolo significativo. Affinché l'adattamento alle nuove tecnologie dell'IA sia inclusivo, è necessario garantire che tutti abbiano accesso a risorse educative di qualità. Ciò richiede strategie che superino le barriere socioeconomiche e che promuovano un apprendimento continuo accessibile a tutte le fasce della società.

Al contempo, la sicurezza emerge come un aspetto critico in un panorama sempre più digitale. Con la crescente integrazione dell'IA nelle attività quotidiane, la protezione dei dati personali e la prevenzione delle minacce informatiche diventano priorità fondamentali. Le organizzazioni devono investire in soluzioni avanzate di sicurezza e promuovere una cultura della sicurezza digitale tra gli utenti.

La cultura organizzativa svolge un ruolo chiave nell'adattamento alle nuove tecnologie dell'IA. La resistenza al cambiamento può essere un ostacolo significativo, sottolineando la necessità di promuovere una mentalità aperta all'innovazione. Le organizzazioni devono incentivare la formazione continua e creare ambienti che valorizzino la sperimentazione e l'apprendimento.

Parallelamente, la gestione del cambiamento a livello sociale ed economico diventa un aspetto cruciale. L'automazione avanzata potrebbe ridisegnare il panorama occupazionale, richiedendo politiche e strategie che facilitino la transizione delle competenze e la creazione di nuove opportunità lavorative. La collaborazione tra governi, istituzioni educative e settore privato è essenziale per affrontare con successo queste sfide.

Infine, l'analisi etica delle nuove tecnologie dell'IA si rivela imprescindibile. La definizione di normative e linee guida etiche contribuirà a garantire uno sviluppo responsabile delle tecnologie, minimizzando i rischi e massimizzando i benefici. Questo implica una riflessione continua sulla giustizia, l'equità e l'impatto sociale delle innovazioni tecnologiche.

In conclusione, l'adattamento alle nuove tecnologie dell'IA richiede un approccio comprensivo che vada oltre la mera acquisizione di competenze tecniche. La promozione di un accesso equo all'educazione, la sicurezza digitale, la gestione del cambiamento organizzativo e socio-economico, insieme a una valutazione continua degli aspetti etici, sono elementi fondamentali per garantire un adattamento efficace a questo scenario in evoluzione. L'analisi delle sfide diventa così il fondamento per costruire una società resiliente di fronte alle trasformazioni incessanti delle nuove frontiere dell'IA.

PIATTAFORME DI LAVORO BASATE SU AI

Esplorazione delle piattaforme online
che offrono opportunità di guadagno
attraverso progetti basati sull'IA

Nel panorama sempre più digitale e globalizzato del mondo del lavoro, le piattaforme basate sull'intelligenza artificiale (IA) stanno emergendo come catalizzatori di opportunità di guadagno flessibili e accessibili. Queste piattaforme offrono un ecosistema in cui le competenze umane e l'IA convergono per soddisfare una vasta gamma di esigenze aziendali, creando un terreno fertile per coloro che cercano opportunità di lavoro indipendenti e progetti stimolanti.

Una delle piattaforme di punta in questo settore è *Upwork*, che collega professionisti freelance a progetti che spaziano dalla scrittura di algoritmi di apprendimento automatico alla creazione di modelli predittivi. *Upwork* sfrutta un sistema di valutazione delle competenze per garantire l'alta qualità del lavoro fornito dai suoi membri, fornendo un ambiente in cui le competenze umane si integrano con l'IA per risolvere problemi complessi.

Tuttavia, la diversificazione delle opportunità non si ferma qui. Piattaforme come *Kaggle* si concentrano su progetti di data science e *machine learning*, offrendo competizioni che mettono alla prova le abilità degli sviluppatori e dei *data scientist*. Partecipando a queste sfide, gli individui possono non solo affinare le proprie competenze ma anche attirare l'attenzione di aziende alla ricerca di talento specializzato.

Un'altra piattaforma degna di nota è *Toptal*, che seleziona i migliori professionisti nel campo dell'IA, della programmazione e del design per fornire servizi di consulenza alle aziende. Attraverso un rigoroso processo di selezione, Toptal garantisce che i suoi membri siano esperti nel loro settore, offrendo alle aziende un accesso immediato a competenze di alto livello.

Per coloro che sono appassionati di apprendimento automatico e desiderano applicare le proprie competenze in progetti del mondo reale, la piattaforma di crowdsourcing di dati *Labelbox* offre un terreno fertile. Connessioni di intelligenza artificiale richiedono grandi quantità di dati etichettati per l'addestramento, e *Labelbox* coinvolge una comunità globale di etichettatori per affrontare questa sfida, consentendo agli appassionati di IA di contribuire alla creazione di modelli più intelligenti.

Inoltre, piattaforme come *Amazon Mechanical Turk* sfruttano l'intelligenza collettiva per la risoluzione di compiti di intelligenza artificiale che richiedono la comprensione umana. Offrendo una vasta gamma di *microtask*, da annotazioni di immagini a trascrizioni audio, questa piattaforma permette agli utenti di guadagnare denaro attraverso compiti che richiedono ancora l'intervento umano in situazioni in cui l'IA attuale potrebbe non essere sufficientemente avanzata.

La crescente popolarità di queste piattaforme evidenzia la crescente domanda di competenze legate all'IA e offre un *insight* sul futuro del lavoro.

L'integrazione di intelligenza artificiale e competenze umane sta ridefinendo le dinamiche del mercato del lavoro, creando un ecosistema in cui la collaborazione tra uomo e macchina non è solo possibile, ma anche vantaggiosa per entrambi.

Mentre queste piattaforme aprono nuove porte a chiunque abbia competenze nell'ambito dell'IA, è essenziale comprendere che il successo dipende non solo dalle abilità tecniche, ma anche dalla capacità di adattarsi a un ambiente di lavoro remoto e collaborativo. La flessibilità diventa cruciale, poiché i professionisti possono essere chiamati a contribuire a progetti di diverse nature, spaziando dalla creazione di algoritmi di apprendimento automatico all'analisi di dati complessi.

La trasformazione digitale e l'adozione sempre più diffusa dell'IA da parte delle aziende stanno alimentando la richiesta di professionisti esperti. È interessante notare che le piattaforme stesse stanno evolvendo, incorporando strumenti di automazione e IA per semplificare i processi di ricerca e abbinamento tra clienti e freelance. Questo miglioramento continuo dell'efficienza porta a un circolo virtuoso in cui la domanda di competenze nell'IA alimenta lo sviluppo di piattaforme sempre più avanzate, creando un ecosistema in costante evoluzione.

Tuttavia, non mancano sfide. La competizione su queste piattaforme può essere intensa, richiedendo ai freelance di differenziarsi non solo attraverso le competenze tecniche, ma anche attraverso la gestione efficace delle relazioni con i clienti e la costruzione di una reputazione positiva. Recensioni e raccomandazioni diventano monete di scambio fondamentali in questo ambiente, evidenziando l'importanza di non solo fornire risultati di alta qualità ma anche di mantenere una comunicazione chiara e trasparente con i clienti.

Inoltre, la questione della sicurezza dei dati è sempre presente. L'accesso a progetti che coinvolgono dati sensibili o proprietari richiede precauzioni aggiuntive per garantire la riservatezza e la conformità alle normative sulla *privacy*. Le piattaforme stesse si impegnano a implementare misure di sicurezza avanzate, ma è anche responsabilità dei freelance comprendere e aderire a queste linee guida per evitare rischi legali e mantenere la fiducia dei clienti.

Il fenomeno delle piattaforme di lavoro basate sull'IA è in costante espansione e, con il continuo progresso tecnologico, è probabile che si sviluppino nuove opportunità e sfide.

La capacità di apprendere in modo continuo diventa un aspetto cruciale per rimanere rilevanti in un ambiente che evolve rapidamente. L'educazione continua e l'aggiornamento delle competenze diventano quindi essenziali per coloro che vogliono sfruttare appieno le opportunità offerte da questo cambiamento nel modo in cui concepiamo e svolgiamo il lavoro.

In conclusione, le piattaforme di lavoro basate sull'IA rappresentano una svolta significativa nel modo in cui concepiamo il lavoro. Esse aprono nuove strade per i professionisti e offrono opportunità di guadagno che vanno oltre i confini geografici e le limitazioni tradizionali. Tuttavia, per prosperare in questo ambiente dinamico, la flessibilità, l'aggiornamento costante delle competenze e l'attenzione alle questioni etiche sono essenziali. La collaborazione uomo-macchina è il cuore di questa trasformazione, e coloro che possono navigare con successo in questo terreno in evoluzione saranno ben posizionati per prosperare nel futuro del lavoro.

Le piattaforme di lavoro basate sull'intelligenza artificiale rappresentano un segmento in crescita nell'ecosistema digitale, offrendo opportunità di lavoro flessibili e accessibili. Tra le molteplici piattaforme presenti sul mercato, alcune si distinguono per la loro ampia portata e la varietà di progetti offerti.

Upwork:
Upwork si posiziona come una delle piattaforme più conosciute nel panorama del lavoro freelance basato sull'IA. Connettere professionisti indipendenti a progetti che spaziano dall'implementazione di algoritmi di machine learning alla creazione di modelli predittivi, Upwork ha creato un ecosistema dove la qualità del lavoro è mantenuta attraverso un sistema di valutazione delle competenze.

TaskRabbit:
TaskRabbit si differenzia concentrando la sua attenzione su progetti più immediati e locali. La piattaforma collega le persone che necessitano di servizi a breve termine, come assemblare mobili o fare la spesa, a professionisti disponibili nella loro area. Questo modello di business evidenzia la flessibilità delle piattaforme basate sull'IA, in grado di adattarsi a esigenze che vanno oltre il digitale puro, abbracciando le richieste pratiche della vita quotidiana.

Gigster:
Gigster si rivolge a coloro che cercano competenze di alta qualità nel campo dello sviluppo software. La piattaforma si concentra su progetti di ingegneria del software, fornendo accesso a una rete di sviluppatori e ingegneri specializzati.

Toptal:
Toptal è un'altra piattaforma che si distingue per il suo approccio selettivo nella scelta dei professionisti. La piattaforma recluta i

migliori talenti nel campo dell'IA, della programmazione e del design attraverso un rigoroso processo di selezione. Ciò assicura alle aziende l'accesso a consulenti altamente competenti, creando un mercato premium all'interno del settore freelance basato sull'IA.

Labelbox:
Labelbox si inserisce nel contesto del machine learning, focalizzandosi sulla raccolta di dati etichettati. Poiché gli algoritmi di intelligenza artificiale richiedono un vasto numero di dati per l'addestramento, Labelbox coinvolge una comunità globale di etichettatori per affrontare questa esigenza.
Labelbox sottolinea l'importanza dei dati etichettati nell'addestramento degli algoritmi di intelligenza artificiale. Attraverso il crowdsourcing di etichettatori, la piattaforma crea un ecosistema in cui gli appassionati di IA possono contribuire direttamente alla creazione di modelli più intelligenti.

Amazon *Mechanical Turk*:
Amazon *Mechanical Turk* è un esempio di piattaforma che sfrutta l'intelligenza collettiva per risolvere compiti di intelligenza artificiale che richiedono ancora la comprensione umana.
Offrendo una vasta gamma di *microtask*, dalla classificazione di immagini alle trascrizioni audio, questa piattaforma crea opportunità di guadagno per coloro che possono contribuire con intelligenza umana in contesti in cui l'IA attuale potrebbe non essere sufficientemente avanzata.
In sintesi, queste piattaforme testimoniano la diversità delle opportunità offerte dal lavoro basato sull'IA.
Da progetti di sviluppo software a compiti di vita quotidiana, il panorama delle piattaforme si sta evolvendo per rispondere alle mutevoli esigenze del mercato del lavoro digitale.
In questo scenario in rapida evoluzione delle piattaforme di lavoro basate sull'IA, emergono chiaramente le molteplici sfaccettature del lavoro digitale. Dalla necessità di competenze

avanzate nella programmazione alla richiesta di servizi pratici e locali, queste piattaforme stanno plasmando il futuro del lavoro in modi innovativi e, in molti casi, imprevisti. La sfida continua per i professionisti è rimanere agili, adattarsi alle mutevoli esigenze del mercato e capitalizzare sulle opportunità emergenti. La collaborazione tra uomo e macchina non solo sta ridefinendo la natura del lavoro ma sta anche plasmando il modo in cui concepiamo e partecipiamo alle dinamiche del mercato del lavoro digitale.

Le piattaforme di lavoro basate sull'intelligenza artificiale rappresentano un segmento in crescita nell'ecosistema digitale, offrendo opportunità di lavoro flessibili e accessibili. Tra le molteplici piattaforme presenti sul mercato, alcune si distinguono per la loro ampia portata e la varietà di progetti offerti.

Upwork si posiziona come una delle piattaforme più conosciute nel panorama del lavoro freelance basato sull'IA. Connettere professionisti indipendenti a progetti che spaziano dall'implementazione di algoritmi di machine learning alla creazione di modelli predittivi, *Upwork* ha creato un ecosistema dove la qualità del lavoro è mantenuta attraverso un sistema di valutazione delle competenze. Questo meccanismo non solo garantisce la competenza degli individui ma crea anche un ambiente in cui l'IA e le abilità umane convergono per risolvere sfide complesse.

TaskRabbit si differenzia concentrando la sua attenzione su progetti più immediati e locali. La piattaforma collega le persone che necessitano di servizi a breve termine, come assemblare mobili o fare la spesa, a professionisti disponibili nella loro area. Questo modello di business evidenzia la flessibilità delle piattaforme basate sull'IA, in grado di adattarsi a esigenze che vanno oltre il digitale puro, abbracciando le richieste pratiche della vita quotidiana.

TaskRabbit, con il suo focus su servizi immediati e locali, riflette la crescente richiesta di flessibilità nel lavoro. La piattaforma si rivolge a chi cerca assistenza per compiti pratici, sfruttando la forza lavoro locale. Ciò dimostra che il lavoro basato sull'IA non è limitato a progetti altamente tecnici, ma può estendersi a necessità quotidiane, mettendo in evidenza la versatilità di queste piattaforme nel soddisfare una vasta gamma di esigenze.

Gigster si rivolge a coloro che cercano competenze di alta qualità nel campo dello sviluppo software. La piattaforma si concentra su progetti di ingegneria del software, fornendo accesso a una rete di sviluppatori e ingegneri specializzati.

Gigster impiega algoritmi avanzati per assegnare progetti in base alle competenze e all'esperienza degli sviluppatori, dimostrando come l'IA può essere sfruttata per ottimizzare la corrispondenza tra le competenze richieste e disponibili.

Gigster si colloca come una risorsa chiave per chi cerca competenze avanzate nello sviluppo software. L'utilizzo di algoritmi per abbinare i progetti agli sviluppatori dimostra come l'IA non solo faciliti la ricerca di lavoro ma ottimizzi anche la corrispondenza tra domanda e offerta di competenze. Questa automazione consente una maggiore efficienza, riducendo i tempi di selezione e migliorando la qualità del lavoro svolto.

Toptal è un'altra piattaforma che si distingue per il suo approccio selettivo nella scelta dei professionisti. La piattaforma recluta i migliori talenti nel campo dell'IA, della programmazione e del design attraverso un rigoroso processo di selezione. Ciò assicura alle aziende l'accesso a consulenti altamente competenti, creando
un mercato premium all'interno del settore freelance basato sull'IA.

Toptal, con il suo processo di selezione altamente selettivo, si distingue per offrire un accesso immediato a consulenti di alto livello.

Questo modello premium indica una crescente consapevolezza della qualità nel settore freelance basato sull'IA. In un panorama in cui la competizione è intensa, la selezione rigorosa contribuisce a mantenere elevati standard di competenza, beneficiando sia i professionisti che le aziende.

Labelbox si inserisce nel contesto del *machine learning*, focalizzandosi sulla raccolta di dati etichettati. Poiché gli algoritmi di intelligenza artificiale richiedono un vasto numero di dati per l'addestramento, *Labelbox* coinvolge una comunità globale di etichettatori per affrontare questa esigenza.

Questo modello di crowdsourcing dimostra come le piattaforme basate sull'IA non solo forniscono opportunità di lavoro, ma anche alimentano il progresso nell'ambito della ricerca e dello sviluppo dell'intelligenza artificiale.

Labelbox sottolinea l'importanza dei dati etichettati nell'addestramento degli algoritmi di intelligenza artificiale.

Attraverso il crowdsourcing di etichettatori, la piattaforma crea un ecosistema in cui gli appassionati di IA possono contribuire direttamente alla creazione di modelli più intelligenti. Questo approccio mette in evidenza la sinergia tra la comunità globale e l'IA, dimostrando che la collaborazione uomo-macchina è essenziale per il progresso nell'ambito dell'apprendimento automatico.

Amazon *Mechanical Turk* è un esempio di piattaforma che sfrutta l'intelligenza collettiva per risolvere compiti di intelligenza artificiale che richiedono ancora la comprensione umana.

Offrendo una vasta gamma di microtask, dalla classificazione di immagini alle trascrizioni audio, questa piattaforma crea opportunità di guadagno per coloro che possono contribuire con intelligenza umana in contesti in cui l'IA attuale potrebbe non essere sufficientemente avanzata.

Amazon *Mechanical Turk*, con la sua offerta di *microtask*, evidenzia il ruolo cruciale dell'intelligenza umana in compiti ancora al di là della portata dell'IA. Questa piattaforma offre opportunità di guadagno attraverso compiti che richiedono la comprensione umana, come l'interpretazione di immagini o la correzione di trascrizioni.

Amazon *Mechanical Turk*, con la sua offerta di *microtask*, evidenzia il ruolo cruciale dell'intelligenza umana in compiti ancora al di là della portata dell'IA. Questa piattaforma offre opportunità di guadagno attraverso compiti che richiedono la comprensione umana, come l'interpretazione di immagini o la correzione di trascrizioni.

L'interazione dinamica tra intelligenza artificiale e competenze umane contribuisce a colmare le lacune attuali nell'automazione completa di determinati compiti.

L'interazione dinamica tra intelligenza artificiale e competenze umane contribuisce a colmare le lacune attuali nell'automazione completa di determinati compiti. In sintesi, queste piattaforme testimoniano la diversità delle opportunità offerte dal lavoro basato sull'IA. Da progetti di sviluppo software a compiti di vita quotidiana, il panorama delle piattaforme si sta evolvendo per rispondere alle mutevoli esigenze del mercato del lavoro digitale.

Questo scenario dinamico evidenzia la complessità e la ricchezza delle piattaforme basate sull'intelligenza artificiale, ciascuna progettata per soddisfare esigenze specifiche del mercato del lavoro digitale.

Oltre a *Upwork, TaskRabbit, Gigster, Toptal, Labelbox e Amazon Mechanical Turk*, esistono molte altre piattaforme che abbracciano settori diversi, offrendo opportunità di impiego in un ventaglio sempre più ampio di competenze.

Un aspetto chiave da considerare nella scelta di una piattaforma è la propria area di specializzazione. Ad esempio, se sei uno sviluppatore software esperto, potresti trovare opportunità più gratificanti su piattaforme come Gigster o Toptal, che sono incentrate sulla fornitura di competenze avanzate in questo settore. D'altra parte, se le tue abilità si estendono a compiti più pratici e immediati, TaskRabbit potrebbe essere la scelta ideale, offrendo la possibilità di mettere in mostra le tue competenze localmente.

La flessibilità è un altro fattore da considerare. Alcune piattaforme sono progettate per adattarsi a un orario di lavoro flessibile, consentendo agli utenti di scegliere progetti in base alla propria disponibilità. Questo è particolarmente rilevante per coloro che cercano un lavoro freelance che possa essere conciliato con altri impegni o responsabilità.

La reputazione e la qualità del lavoro sono elementi critici. *Upwork*, ad esempio, utilizza un sistema di recensioni e valutazioni per garantire che i professionisti che offrono i propri servizi siano competenti e affidabili. La reputazione di una piattaforma è strettamente legata alla soddisfazione dei suoi utenti e può essere un indicatore affidabile della qualità delle opportunità di lavoro offerte.

Altro elemento di rilievo è la trasparenza nelle transazioni finanziarie e la gestione delle tariffe. Le piattaforme variano nella struttura delle commissioni e nelle modalità di pagamento, e comprendere queste dinamiche è essenziale per massimizzare i guadagni e garantire una transazione equa tra professionisti e committenti.

L'evoluzione delle piattaforme di lavoro basate sull'IA è anche guidata da un costante adattamento alle tendenze del mercato. Con la crescita dell'IA e delle nuove tecnologie, nuove piattaforme emergono per soddisfare la domanda in settori in continua evoluzione.

L'utente che desidera rimanere al passo con le opportunità emergenti deve essere consapevole delle tendenze di settore e delle piattaforme che le supportano.

Infine, la formazione continua è essenziale. Mentre molte piattaforme accolgono professionisti con una vasta gamma di competenze, è vantaggioso rimanere aggiornati sulle ultime tecnologie e metodologie. Questo non solo aumenta la competitività ma consente anche di accedere a progetti più avanzati e gratificanti.

In conclusione, la scelta della piattaforma giusta nel panorama del lavoro basato sull'IA richiede una valutazione oculata delle esigenze personali, delle competenze, della flessibilità, della reputazione e della trasparenza finanziaria.

Questo ambiente dinamico offre opportunità uniche per professionisti di settori diversi, contribuendo allo sviluppo di una forza lavoro flessibile e altamente specializzata. La continua evoluzione di queste piattaforme suggerisce che il futuro del lavoro basato sull'IA sarà caratterizzato da una crescente varietà di opportunità e una sempre maggiore integrazione tra intelligenza artificiale e competenze umane.

Massimizzare il potenziale di guadagno su diverse piattaforme richiede una strategia attenta e mirata. Innanzitutto, è fondamentale comprendere appieno le dinamiche di ciascuna piattaforma selezionata. Ogni ambiente di lavoro digitale ha le sue peculiarità, regole e pubblico di riferimento. Investire tempo nella comprensione di questi dettagli è il primo passo per massimizzare il successo.

La costruzione di una reputazione solida è un pilastro chiave. Le recensioni e le valutazioni degli utenti fungono da biglietto da visita digitale, influenzando la fiducia e l'attrattiva per potenziali committenti. Conseguire un feedback positivo richiede non solo competenza tecnica, ma anche una comunicazione chiara ed efficace. Rispettare gli impegni, risolvere eventuali problemi con professionalità e mantenere una comunicazione aperta sono elementi che contribuiscono alla costruzione di una reputazione solida nel mondo del lavoro basato sull'IA.

La diversificazione delle competenze è un'ulteriore strategia vincente.

Sebbene la specializzazione sia cruciale, avere una gamma più ampia di competenze può aprire le porte a una varietà di progetti su diverse piattaforme.

Ad esempio, un professionista del marketing digitale potrebbe estendere le sue competenze alla gestione di campagne pubblicitarie online, al copywriting o alla consulenza strategica, aumentando così la propria attrattiva per una gamma più ampia di committenti.

La flessibilità è un aspetto da non sottovalutare. Le piattaforme di lavoro digitale spesso premiano coloro che possono adattarsi rapidamente alle esigenze del mercato. Essere disponibili per progetti urgenti, lavorare con orari flessibili o affrontare sfide inaspettate con prontezza possono distinguere un professionista di successo da uno mediocre. TaskRabbit, ad esempio, incentiva la flessibilità premiando coloro che sono in grado di gestire progetti immediati.

Per coloro che puntano alle piattaforme premium, come *Toptal*, investire nella formazione continua e nell'acquisizione di competenze avanzate è una strategia che può pagare dividendi significativi.

Queste piattaforme attraggono committenti che cercano consulenti altamente specializzati, e quindi, mantenere un livello di competenza superiore può tradursi in opportunità di guadagno più elevate.

La gestione strategica delle tariffe è altresì essenziale. Mentre alcune piattaforme stabiliscono tariffe fisse, altre offrono la flessibilità di definire i propri prezzi. Una ricerca di mercato accurata è cruciale per garantire che le tariffe siano competitive ma riflettano anche il valore reale delle competenze del professionista.

Mantenere un equilibrio tra competitività e compensi equi è fondamentale per stabilire una relazione sostenibile con i committenti.

Navigare con successo il panorama delle piattaforme digitali richiede un approccio dinamico e personalizzato. Una delle prime strategie per massimizzare il potenziale di guadagno è la costruzione di una reputazione affidabile. Le recensioni positive e le valutazioni degli utenti sono la moneta di scambio digitale che genera fiducia e attrae nuovi committenti.

Oltre a consegnare lavori di alta qualità, la comunicazione tempestiva e chiara è fondamentale. Rispettare gli impegni presi è un passo cruciale nella costruzione di una reputazione che si traduce in un flusso costante di opportunità lavorative.

La diversificazione delle competenze è una mossa strategica. Mentre la specializzazione è preziosa, avere una gamma più ampia di competenze può essere un catalizzatore per nuove opportunità. Ad esempio, un programmatore potrebbe ampliare il proprio bagaglio di competenze abbracciando la progettazione dell'interfaccia utente o la gestione di database, creando così un profilo più attraente per una vasta gamma di progetti.

La flessibilità è un elemento distintivo che può fare la differenza su piattaforme che valorizzano la risposta rapida alle esigenze del cliente. TaskRabbit, con il suo focus su progetti immediati e locali, premia chi è in grado di adattarsi prontamente a richieste immediate. Essere aperti a orari di lavoro flessibili e disponibili per progetti urgenti può tradursi in un vantaggio competitivo su piattaforme che cercano professionisti reattivi e adattabili.

Investire nella propria formazione è un pilastro per coloro che ambiscono a piattaforme di alto livello come *Toptal*. Mantenere un livello di competenza avanzato è un investimento che si ripaga in opportunità di guadagno più elevate.

Le aziende che cercano consulenti altamente specializzati sono disposte a pagare di più per competenze di livello superiore. Quindi, l'apprendimento continuo è una strategia vincente per chi mira alle vette del mercato del lavoro basato sull'IA.

La gestione strategica delle tariffe è un'arte sottile. Mentre alcune piattaforme stabiliscono tariffe fisse, altre offrono spazio per la negoziazione. La chiave è stabilire tariffe competitive che riflettano il valore del proprio lavoro. Una ricerca accurata del mercato può fornire una panoramica delle tariffe correnti nel settore, garantendo che i professionisti siano competitivi senza sminuire la propria expertise.

Sfruttare le opportunità di networking è una strategia che spesso viene sottovalutata. Partecipare attivamente a forum, discussioni e gruppi dedicati su piattaforme può portare a connessioni significative. Una solida rete professionale non solo può generare nuove opportunità, ma può anche essere una fonte di raccomandazioni preziose, aumentando così il potenziale di guadagno.

Infine, essere proattivi nella ricerca di opportunità è fondamentale. Molte piattaforme permettono agli utenti di fare offerte su progetti o rispondere a richieste di proposte. Presentare proposte ben articolate, con un portfolio accurato e una comunicazione persuasiva, può distinguere un professionista e assicurare il successo nella competizione per progetti di alta qualità.

In conclusione, massimizzare il potenziale di guadagno su diverse piattaforme richiede un approccio articolato e personalizzato.

La costruzione di una reputazione solida, la diversificazione delle competenze, la flessibilità, l'investimento nella formazione continua, la gestione accurata delle tariffe, l'uso intelligente del networking e un approccio proattivo alla ricerca di opportunità sono gli ingredienti chiave per creare una carriera di successo nel vasto mondo del lavoro basato sull'IA.

Gestire contratti e accordi su piattaforme di lavoro online richiede un approccio attento e strategico. Al momento di accettare un progetto, è imperativo leggere attentamente il contratto, esaminando ogni dettaglio e discutendo eventuali punti ambigui con il committente. Una comprensione chiara degli obblighi e dei diritti da ambo le parti è essenziale per prevenire dispute future.

La definizione precisa dei compiti e degli obiettivi è altrettanto cruciale. Specificare dettagliatamente ciò che è richiesto per completare il progetto, i tempi di consegna, le *milestone* e i criteri di accettazione è fondamentale per evitare malintesi e stabilire una base solida per la valutazione del lavoro svolto. Inoltre, una comunicazione aperta sulle aspettative contribuisce a stabilire una relazione di lavoro positiva.

La chiara definizione delle tariffe e delle modalità di pagamento è un elemento chiave di ogni accordo contrattuale.

Discutere apertamente delle tariffe, se non fisse, e concordare i termini di pagamento, come l'anticipo o la suddivisione in *milestone*, può evitare sorprese e garantire che entrambe le parti siano soddisfatte dell'accordo finanziario.

La gestione del tempo è un altro aspetto critico. Stabilire scadenze chiare e reali, insieme a piani di lavoro dettagliati, può aiutare a mantenere il progetto su una traiettoria di successo. La comunicazione costante sullo stato di avanzamento, eventuali ritardi e le necessità di tempo aggiuntivo è essenziale per gestire le aspettative.

L'utilizzo di piattaforme di *escrow* può essere una strategia efficace per proteggere sia il professionista che il committente. Queste piattaforme agiscono come intermediari, trattenendo i fondi del committente finché il lavoro non viene completato in conformità con gli accordi contrattuali, fornendo una sicurezza aggiuntiva e prevenendo potenziali dispute finanziarie.

Essere consapevoli delle normative fiscali è altrettanto importante. I professionisti del lavoro online sono spesso considerati liberi professionisti e responsabili del pagamento delle tasse sul reddito generato. Tenere traccia delle entrate, delle deduzioni ammissibili e rispettare le leggi fiscali locali è essenziale per evitare complicazioni legali e finanziarie.

Mantenendo il filo logico della gestione dei contratti e accordi su piattaforme di lavoro online, è cruciale esplorare ulteriori dettagli per garantire una gestione efficace e senza intoppi.

Una delle considerazioni spesso trascurate è la gestione delle modifiche contrattuali.

Nel corso di un progetto, possono emergere nuove esigenze o circostanze impreviste. In questi casi, è essenziale affrontare le modifiche contrattuali con chiarezza e trasparenza. Una comunicazione aperta su eventuali aggiustamenti di compiti, scadenze o tariffe è fondamentale per evitare incomprensioni e garantire che entrambe le parti siano d'accordo sulle nuove condizioni.

La definizione degli obblighi di riservatezza è un altro aspetto importante. Molte piattaforme richiedono o incoraggiano accordi di non divulgazione (NDA) per proteggere informazioni sensibili.

Comprendere appieno gli aspetti legati alla riservatezza, come la durata dell'impegno alla riservatezza e le informazioni soggette alla stessa, è fondamentale per evitare controversie legali e proteggere la proprietà intellettuale.

Nel contesto delle tariffe, è utile esplorare le strategie di definizione dei prezzi. Alcuni professionisti preferiscono una struttura di tariffe orarie, mentre altri optano per prezzi fissi per progetto. La scelta dipende spesso dalla natura del lavoro e dalle preferenze personali. Tuttavia, comprenderne le implicazioni, come la possibilità di negoziare tariffe o la gestione delle fluttuazioni nella complessità del progetto, è fondamentale per una gestione finanziaria accurata.

Altro elemento da considerare è la gestione delle controversie su piattaforme. Nonostante tutti gli sforzi preventivi, le dispute possono sorgere. Capire come funziona il processo di risoluzione delle controversie sulla piattaforma utilizzata è essenziale. Molte piattaforme offrono procedure strutturate per la risoluzione, coinvolgendo mediatori o arbitri per risolvere le dispute in modo equo ed efficiente.

L'approccio alla gestione dei feedback è altresì importante. Ricevere un feedback negativo può essere una parte inevitabile del lavoro online. Tuttavia, affrontare le critiche in modo costruttivo, imparare dagli errori e apportare miglioramenti può contribuire a costruire una reputazione resiliente nel tempo. Rispondere con professionalità alle critiche può anche rafforzare la fiducia dei futuri committenti.

Infine, la sicurezza dei pagamenti è cruciale. Esplorare le opzioni di pagamento offerte dalla piattaforma e assicurarsi che siano sicure e affidabili è fondamentale per evitare rischi finanziari. Molte piattaforme utilizzano sistemi di pagamento sicuri e offrono opzioni come *l'escrow* per proteggere sia il professionista che il committente durante il processo di transazione.

In sintesi, una gestione completa dei contratti e degli accordi su piattaforme di lavoro online richiede la considerazione di una serie di aspetti. Dalla gestione delle modifiche contrattuali alla definizione di tariffe e strategie di prezzi, dalla gestione delle controversie alla gestione dei feedback, ogni dettaglio contribuisce a creare un ambiente di lavoro digitale efficace e soddisfacente per tutte le parti coinvolte.

L'esplorazione delle opportunità di networking all'interno delle piattaforme di lavoro basate sull'Intelligenza Artificiale (IA) costituisce un aspetto cruciale nell'evoluzione del panorama lavorativo contemporaneo.

Con l'avanzare delle tecnologie digitali e dell'IA, le piattaforme di lavoro stanno assumendo una forma sempre più sofisticata, offrendo nuove prospettive e dinamiche di connessione tra professionisti di diverse aree e competenze.

Innanzitutto, le piattaforme di lavoro basate su AI facilitano la creazione di reti professionali più ampie e diversificate. Attraverso algoritmi intelligenti e sistemi di raccomandazione, gli individui possono identificare in modo più efficace professionisti con interessi e competenze simili. Questo processo, noto come "matching", consente agli utenti di ampliare la propria rete professionale in modo mirato, favorendo la collaborazione e lo scambio di conoscenze.

Un elemento chiave di queste piattaforme è la capacità di facilitare il networking in tempo reale. Grazie a funzionalità come chat istantanee, videoconferenze e forum tematici, i professionisti possono connettersi e interagire senza limiti geografici. Ciò non solo aumenta la possibilità di stabilire connessioni significative, ma permette anche di superare le barriere fisiche, aprendo le porte a opportunità di collaborazione che altrimenti sarebbero rimaste inesplorate.

La personalizzazione è un altro aspetto cruciale delle piattaforme di lavoro basate su AI. Attraverso l'analisi dei dati, queste piattaforme sono in grado di suggerire contenuti, eventi e connessioni personalizzate per ciascun utente. Ciò significa che le opportunità di networking non sono più basate solo sulla casualità, ma sono ottimizzate per soddisfare le esigenze specifiche di ciascun professionista.

Un'altra dinamica interessante è l'integrazione di funzionalità di networking con l'apprendimento automatico. Le piattaforme possono analizzare i modelli di connessione e apprendere dalle interazioni degli utenti, migliorando continuamente la precisione delle raccomandazioni e la qualità complessiva dell'esperienza di networking.

Inoltre, il networking basato su AI si estende oltre la ricerca di nuove opportunità di lavoro. Queste piattaforme possono facilitare la formazione di gruppi di lavoro virtuali, incoraggiando la collaborazione remota e la condivisione di risorse. La diversità di prospettive e competenze in questi gruppi può portare a soluzioni più innovative e alla realizzazione di progetti complessi.

L'evoluzione delle piattaforme di lavoro basate sull'Intelligenza Artificiale (IA) non solo agevola la creazione di reti più ampie e diversificate, ma ridefinisce anche il concetto di networking in tempo reale. Le funzionalità avanzate, come chat istantanee e videoconferenze, consentono ai professionisti di superare i confini geografici, aprendo la strada a connessioni che prima sarebbero state difficili da stabilire. Questa dinamica non solo favorisce la diversità di prospettive, ma contribuisce anche a rompere le barriere culturali, consentendo ai professionisti di interagire e collaborare in modi innovativi.

La personalizzazione delle opportunità di networking è un elemento distintivo delle piattaforme basate su AI. Grazie all'analisi dei dati, queste piattaforme possono anticipare le esigenze e le preferenze individuali, fornendo raccomandazioni mirate che vanno oltre la mera casualità.

Questo livello di personalizzazione non solo ottimizza l'efficienza del networking, ma crea anche un ambiente in cui le connessioni sono significative e mirate, contribuendo a promuovere relazioni professionali più solide e durature.

L'integrazione dell'apprendimento automatico nel processo di networking rappresenta un passo avanti significativo. L'analisi dei modelli di connessione consente alle piattaforme di apprendere in modo continuo dagli utenti, migliorando la qualità delle raccomandazioni nel tempo. Questo ciclo di miglioramento continuo contribuisce a mantenere le piattaforme di networking sempre all'avanguardia, adattandosi dinamicamente alle tendenze del settore e alle mutate esigenze professionali.

Oltre alla ricerca di opportunità di lavoro, le piattaforme di networking basate su AI si distinguono per la loro capacità di agevolare la formazione di gruppi di lavoro virtuali. Questi gruppi, facilitati dalle tecnologie di connessione avanzate, promuovono la collaborazione remota e la condivisione di competenze. La diversità di prospettive e competenze all'interno di questi gruppi non solo stimola l'innovazione, ma favorisce anche lo sviluppo di soluzioni complesse attraverso la sinergia di talenti provenienti da diverse discipline.

In definitiva, l'esplorazione delle opportunità di networking all'interno delle piattaforme di lavoro basate su AI sta ridefinendo il modo in cui i professionisti si connettono e collaborano. La combinazione di personalizzazione, networking in tempo reale e apprendimento automatico sta plasmando un futuro in cui le connessioni professionali sono guidate dalla precisione, dalla diversità e dall'adattamento continuo alle mutevoli dinamiche del mondo del lavoro.

L'analisi delle tendenze di guadagno e dei cambiamenti nelle politiche delle piattaforme di lavoro basate sull'Intelligenza Artificiale (IA) rivela un paesaggio dinamico e in continua evoluzione nel contesto dell'economia digitale. Con la diffusione sempre più ampia di queste piattaforme, è emersa la necessità di esaminare da vicino le modalità attraverso le quali i lavoratori guadagnano e le politiche che le piattaforme implementano per regolare le dinamiche lavorative.

Innanzitutto, la flessibilità è diventata una caratteristica distintiva delle piattaforme di lavoro basate su AI. Queste offrono opportunità di guadagno a tempo pieno e parziale, consentendo ai lavoratori di adattare le proprie attività professionali alle esigenze personali. Questo modello flessibile si è rivelato attraente per molte persone, consentendo loro di bilanciare lavoro e vita in modi precedentemente inimmaginabili.

Dall'analisi delle politiche emergenti delle piattaforme di lavoro basate sull'IA emerge una sfida cruciale: trovare l'equilibrio tra la flessibilità, la sicurezza economica dei lavoratori e la trasparenza nelle dinamiche di guadagno.

La flessibilità, sebbene attraente, ha suscitato preoccupazioni in termini di sicurezza del lavoro e benessere finanziario. La mancanza di benefici tradizionali ha portato a un dibattito sulla necessità di ridefinire le politiche per garantire una maggiore protezione sociale, senza però sacrificare la flessibilità che rende attraenti tali opportunità di guadagno.

La crescente implementazione di modelli di guadagno basati su meccanismi di incentivazione evidenzia la volontà delle piattaforme di promuovere la qualità del servizio e la soddisfazione del cliente. Tuttavia, la sottostante soggettività delle recensioni e dei punteggi solleva interrogativi sulla possibile creazione di una gerarchia tra i lavoratori. La trasparenza in queste dinamiche diventa quindi fondamentale per garantire equità e giustizia nelle opportunità di lavoro e nei guadagni.

La ridefinizione delle politiche di pagamento attraverso l'implementazione di modelli basati sull'intelligenza artificiale è un passo avanti significativo. La valutazione automatica della complessità del lavoro e della qualità dell'esecuzione mira a garantire una distribuzione più equa dei guadagni. Tuttavia, la sfida risiede nell'assicurare un processo oggettivo e imparziale, evitando discriminazioni o disparità nell'assegnazione delle remunerazioni.

Un elemento cruciale che emerge da queste tendenze è la crescente consapevolezza della necessità di politiche di protezione sociale più adattabili e inclusive. La revisione delle politiche per garantire benefici come l'assicurazione sanitaria e le ferie pagate diventa imperativa per affrontare le sfide della precarietà dell'occupazione su queste piattaforme. Ciò richiede un approccio dinamico che tenga conto delle esigenze mutevoli dei lavoratori digitali.

Inoltre, alcune piattaforme stanno esplorando l'implementazione di programmi di formazione e sviluppo professionale.

Questi programmi, supportati dall'IA, cercano di mantenere i lavoratori competitivi nel mercato del lavoro digitale in rapida evoluzione. Tuttavia, la questione dell'accesso equo a tali opportunità di formazione rimane aperta, poiché la democratizzazione dell'istruzione e dello sviluppo professionale continua a essere una priorità.

In sintesi, l'analisi delle tendenze di guadagno e delle politiche delle piattaforme di lavoro basate su AI riflette la complessità di bilanciare flessibilità e sicurezza economica. La sfida attuale consiste nell'adattare le politiche alle nuove dinamiche del lavoro digitale, garantendo nel contempo equità, trasparenza e inclusività.

Tuttavia, questa flessibilità ha portato anche a dibattiti sulle condizioni di lavoro e sulla sicurezza economica dei lavoratori.

La mancanza di benefici tradizionali, come l'assicurazione sanitaria e le ferie pagate, ha sollevato preoccupazioni riguardo alla precarietà dell'occupazione su queste piattaforme. Ciò ha portato alla richiesta di una revisione delle politiche che garantiscano una maggiore protezione sociale per i lavoratori, senza compromettere la flessibilità che ha reso attraenti tali opportunità di guadagno.

Parallelamente, alcune piattaforme hanno iniziato a esplorare modelli di guadagno basati su meccanismi di incentivazione. Programmi di punteggio, recensioni e premi hanno iniziato a influenzare direttamente le opportunità di lavoro e i guadagni dei lavoratori.

Questi sistemi cercano di creare un ambiente in cui la qualità del servizio e la soddisfazione del cliente siano premiate, ma al contempo sollevano domande riguardo alla trasparenza e alla possibile creazione di una gerarchia tra i lavoratori basata su recensioni soggettive.

Inoltre, la ridefinizione delle politiche di pagamento è diventata una tendenza chiave.

Alcune piattaforme hanno adottato modelli di pagamento basati sull'intelligenza artificiale, che valutano automaticamente la complessità del lavoro e la qualità dell'esecuzione. Questo approccio cerca di garantire una distribuzione più equa dei guadagni, ma presenta anche sfide legate all'oggettività e alla giustizia nell'assegnazione di remunerazioni.

COMPETENZE RICHIESTE

Discussione sulle competenze necessarie
per partecipare a progetti legati all'IA

La partecipazione a progetti legati all'Intelligenza Artificiale (IA) richiede una vasta gamma di competenze, riflettendo la complessità e la diversità delle sfide in questo campo. Le competenze necessarie vanno oltre la mera comprensione degli algoritmi e coinvolgono una combinazione di conoscenze tecniche, capacità analitiche e abilità interpersonali.

Innanzitutto, una competenza fondamentale è la conoscenza approfondita degli algoritmi di machine *learning* e dell'apprendimento profondo. La comprensione di come funzionano modelli come reti neurali, alberi decisionali e algoritmi di *clustering* è essenziale per progettare e implementare soluzioni IA efficaci. Questa base tecnica è il fondamento su cui si costruiscono molte delle competenze più avanzate.

La padronanza di linguaggi di programmazione come Python, R o Java è cruciale per la realizzazione pratica di progetti legati all'IA. Questi linguaggi forniscono gli strumenti necessari per sviluppare, implementare e ottimizzare algoritmi, nonché per gestire grandi set di dati. La programmazione diventa quindi una competenza chiave, permettendo ai professionisti di tradurre le teorie dell'IA in applicazioni concrete.

Parallelamente, la comprensione dei framework e delle librerie specializzate nell'IA, come *TensorFlow* o *PyTorch*, è essenziale. Questi strumenti semplificano lo sviluppo e l'addestramento dei modelli, riducendo la complessità delle implementazioni e consentendo una maggiore efficienza nel processo di sviluppo.

Oltre alle competenze tecniche, la capacità di analizzare e interpretare i dati è di fondamentale importanza. La competenza nell'utilizzo di strumenti di analisi dati e nell'interpretazione dei risultati contribuisce alla creazione di modelli più accurati e informati. La statistica e la matematica, quindi, rimangono pilastri essenziali nella cassetta degli attrezzi di chiunque voglia affrontare progetti legati all'IA.

Le competenze di *problem-solving* sono altrettanto cruciali in questo contesto.

La capacità di identificare e risolvere problemi complessi, sia dal punto di vista tecnico che strategico, è determinante per il successo dei progetti IA.

Questo richiede una mentalità analitica, creativa e flessibile, capace di affrontare le sfide mutevoli del mondo dell'IA.

Da non sottovalutare sono le competenze interpersonali. La collaborazione è spesso un aspetto chiave nei progetti legati all'IA, richiedendo la capacità di comunicare in modo chiaro e efficace con team multidisciplinari.

La capacità di tradurre concetti tecnici complessi per un pubblico non specializzato e di lavorare in sinergia con professionisti di diverse discipline diventa quindi un elemento chiave.

Inoltre, la competenza nell'interpretare e comunicare i risultati ottenuti attraverso gli algoritmi di IA diventa essenziale. La capacità di tradurre in modo chiaro e comprensibile i risultati complessi delle analisi dati è cruciale per coinvolgere e informare le parti interessate, inclusi coloro che potrebbero non avere una formazione tecnica.

Un altro aspetto da considerare è la competenza nell'etica dell'IA. A fronte delle decisioni automatizzate prese dagli algoritmi, la consapevolezza delle implicazioni etiche diventa fondamentale. Comprendere e affrontare questioni come la discriminazione algoritmica, la trasparenza nelle decisioni e la responsabilità nell'uso dell'IA sono elementi chiave per garantire l'adozione sostenibile di queste tecnologie.

La gestione del ciclo di vita del progetto è altrettanto importante. Ciò richiede competenze nella pianificazione, nell'organizzazione e nel monitoraggio dei progetti legati all'IA.

La capacità di gestire risorse, pianificare le fasi di sviluppo e adattarsi ai cambiamenti nel corso del progetto sono abilità che vanno oltre il puramente tecnico.

Infine, l'adattabilità e la predisposizione all'apprendimento continuo sono competenze che non possono essere sottovalutate. Nel contesto in continua evoluzione dell'IA, la rapidità con cui nuove tecnologie e approcci emergono richiede ai professionisti la capacità di rimanere aggiornati e di adattarsi rapidamente a nuovi scenari e sfide.

In conclusione, le competenze necessarie per partecipare a progetti legati all'IA sono diverse e comprendono un mix unico di abilità tecniche, analitiche e interpersonali. La comprensione degli algoritmi, la padronanza dei linguaggi di programmazione e la gestione etica delle decisioni automatizzate sono solo alcuni dei numerosi elementi che compongono il quadro completo. La continua evoluzione del campo richiede un impegno costante nel migliorare e ampliare il proprio set di competenze per affrontare con successo le sfide sempre mutevoli del mondo dell'Intelligenza Artificiale.

Per acquisire le competenze richieste nel campo dell'Intelligenza Artificiale (IA), è essenziale adottare un approccio strategico e multidimensionale che comprenda formazione, pratica pratica e coinvolgimento nella comunità professionale. Iniziamo con la formazione, una componente fondamentale.

La formazione può avvenire attraverso corsi online, certificazioni e programmi accademici dedicati all'IA. Numerose piattaforme offrono corsi gratuiti o a pagamento che coprono una vasta gamma di argomenti, dalla teoria degli algoritmi di machine *learning* alla pratica di programmazione con specifici linguaggi come Python. La scelta dei corsi dovrebbe rispecchiare il tuo livello di esperienza e gli obiettivi specifici che desideri raggiungere.

Parallelamente, è cruciale l'acquisizione di competenze pratiche. La teoria è un valido punto di partenza, ma la vera maestria viene raggiunta attraverso l'applicazione pratica delle conoscenze acquisite. Esercitarsi su progetti pratici, partecipare a *hackathon* o collaborare su progetti open source sono modi eccellenti per tradurre la teoria in competenze tangibili. Questa pratica offre l'opportunità di affrontare sfide reali e di imparare attraverso l'esperienza diretta.

Il coinvolgimento nella comunità è un aspetto spesso trascurato ma altrettanto cruciale.

Partecipare a conferenze, *webinar* e forum online offre l'opportunità di entrare in contatto con professionisti affermati nel campo, apprendere dalle loro esperienze e connettersi con una rete di persone che condividono interessi simili. La condivisione di conoscenze e l'interazione con la comunità sono componenti vitali per rimanere aggiornati sulle ultime tendenze e pratiche nel campo dell'IA.

Inoltre, la lettura costante di letteratura accademica e di settore è un modo efficace per approfondire la comprensione teorica e seguire gli sviluppi più recenti. Riviste scientifiche, blog specializzati e pubblicazioni online forniscono *insight* approfonditi su temi specifici e contribuiscono a mantenere una prospettiva informata sullo stato attuale della disciplina.

Il *networking* con professionisti del settore è altrettanto importante quanto il networking virtuale. Partecipare a eventi locali, conferenze e *meetup* offre l'opportunità di incontrare di persona professionisti dell'IA, stabilire connessioni significative e avere accesso a opportunità di lavoro o di collaborazione.

L'aspetto etico dell'IA è centrale e dovrebbe essere integrato nel percorso di apprendimento. La consapevolezza delle implicazioni etiche delle decisioni automatizzate, la comprensione delle questioni legate al *bias* algoritmico e la riflessione sulla responsabilità nel campo dell'IA sono elementi chiave per sviluppare soluzioni responsabili e sostenibili.

Oltre a ciò, l'approccio alla formazione dovrebbe essere flessibile e adattabile. L'IA è un campo in rapida evoluzione, e quindi, è importante rimanere aperti all'apprendimento continuo. L'esplorazione di nuovi argomenti, l'aggiornamento su nuovi strumenti e l'esplorazione di nuove aree di specializzazione contribuiranno a mantenere la rilevanza nel mondo dinamico dell'IA.

Un'altra strategia utile è l'approfondimento di progetti pratici personali. Creare progetti indipendenti consente di applicare direttamente le conoscenze acquisite, affrontare sfide specifiche e costruire un portfolio di lavori che può essere presentato a potenziali datori di lavoro o collaboratori. Questo offre una dimostrazione tangibile delle competenze acquisite durante il percorso di apprendimento.

Infine, la *mentoring* è un'opzione da considerare. Collaborare con mentori esperti nel campo dell'IA offre l'opportunità di ricevere consigli personalizzati, acquisire una prospettiva pratica sulle sfide del settore e costruire connessioni preziose. La guida di un mentore può accelerare notevolmente il processo di apprendimento e offrire un orientamento prezioso nel navigare il complesso mondo dell'IA.

L'Intelligenza Artificiale (IA), con la sua vastità di applicazioni, offre un panorama ricco di opportunità di specializzazione in competenze di nicchia. Queste competenze specifiche sono sempre più richieste nel mercato del lavoro, poiché le aziende cercano professionisti altamente qualificati in settori specifici dell'IA per affrontare sfide particolari. Esploriamo alcune di queste opportunità di specializzazione.

Innanzitutto, l'interpretazione e l'analisi di immagini e video rappresentano un campo di specializzazione in forte crescita. Con la diffusione di tecnologie di riconoscimento visivo e di elaborazione delle immagini, vi è una crescente richiesta di esperti che possano sviluppare algoritmi in grado di comprendere e interpretare in modo accurato il contenuto visivo. Questo campo trova applicazioni in settori come la diagnostica medica, la sorveglianza video avanzata e l'analisi delle immagini satellitari.

La *cybersecurity* è un'altra nicchia in rapida espansione nell'IA. Con la crescente complessità delle minacce informatiche, le aziende stanno cercando professionisti in grado di sviluppare sistemi di difesa avanzati basati sull'IA. Gli specialisti in *cybersecurity* nell'IA devono comprendere le dinamiche delle minacce digitali, sviluppare algoritmi di rilevamento delle intrusioni e implementare misure di sicurezza avanzate per proteggere le reti e i dati sensibili.

La progettazione di algoritmi di *recommendation* è un'area di specializzazione fondamentale nelle piattaforme basate sull'IA. Gli esperti in questo campo sono responsabili dello sviluppo di algoritmi avanzati che analizzano i dati dell'utente per fornire raccomandazioni personalizzate, che spaziano dall'intrattenimento alla personalizzazione dell'esperienza utente su piattaforme digitali. La comprensione approfondita del comportamento dell'utente e delle dinamiche di raccomandazione è essenziale per eccellere in questa nicchia. L'IA applicata alla lingua naturale è un'altra specializzazione in forte crescita. Gli esperti in questo campo lavorano su problemi complessi come il riconoscimento del linguaggio, la traduzione automatica e la comprensione del contesto linguistico. L'implementazione di sistemi di conversazione intelligente, *chatbot* avanzati e motori di ricerca linguistici richiede competenze specializzate nell'IA linguistica.

Un'altra opportunità di specializzazione è rappresentata dalla simulazione e dalla modellazione in ambienti virtuali. Gli esperti in questo campo creano modelli computazionali avanzati per simulare comportamenti complessi, utilizzati in settori come la formazione virtuale, la progettazione di giochi, la simulazione di scenari reali per l'addestramento di IA e la ricerca scientifica.

L'analisi di dati non strutturati è una nicchia sempre più rilevante nell'IA. Gli specialisti in questo settore lavorano su dati complessi e non convenzionali, come testi, immagini e suoni, applicando tecniche avanzate di analisi e estrazione di informazioni.

Questa competenza è cruciale in settori come l'analisi dei social media, l'elaborazione del linguaggio naturale e l'analisi dei dati biometrici.Continuando l'analisi delle opportunità di specializzazione nell'IA, è fondamentale esplorare anche altre nicchie che stanno emergendo come settori chiave di crescita e innovazione.

L'ottimizzazione delle operazioni industriali attraverso l'IA è una di queste nicchie. Gli esperti in questo campo si concentrano sulla creazione di sistemi intelligenti che migliorano l'efficienza, la sicurezza e la sostenibilità nei processi industriali. Ciò include l'applicazione di algoritmi di manutenzione predittiva, la gestione ottimizzata delle catene di approvvigionamento e l'implementazione di sistemi di produzione automatizzati.

Un'altra area di specializzazione promettente è l'IA nel settore sanitario. Gli esperti in questo campo sviluppano soluzioni avanzate per l'analisi di dati sanitari, la diagnosi assistita da intelligenza artificiale e la personalizzazione dei trattamenti. L'applicazione dell'IA in medicina promette di rivoluzionare la cura dei pazienti, migliorando la precisione delle diagnosi e ottimizzando le terapie.

L'IA etica è un settore emergente di particolare rilevanza. Gli esperti in questo campo affrontano sfide complesse legate all'impatto sociale, all'equità e alla responsabilità nell'implementazione di sistemi intelligenti. La progettazione di algoritmi etici, la gestione del bias algoritmico e la definizione di linee guida per l'utilizzo responsabile dell'IA sono aspetti cruciali di questa nicchia.

Inoltre, l'IA nel settore finanziario è in costante crescita. Gli specialisti in questo campo sviluppano modelli avanzati per l'analisi dei mercati, la gestione del rischio e la prevenzione delle frodi. L'automazione dei processi decisionali nelle istituzioni finanziarie attraverso l'IA sta cambiando radicalmente il modo in cui vengono effettuate le transazioni e gestiti gli investimenti.

La simulazione e la modellazione nel campo della progettazione architettonica e urbana rappresentano un'altra nicchia di interesse. Gli esperti in questo settore utilizzano l'IA per simulare il comportamento degli edifici, ottimizzare la distribuzione degli spazi e migliorare la sostenibilità dei progetti urbani.

Infine, la ricerca in intelligenza artificiale quantistica è una nicchia all'avanguardia. Gli scienziati e gli ingegneri in questo campo stanno lavorando alla creazione di algoritmi che sfruttano la potenza dei computer quantistici per risolvere problemi computazionali estremamente complessi, come la simulazione molecolare avanzata e la crittografia quantistica.

In conclusione, le opportunità di specializzazione nell'Intelligenza Artificiale sono estremamente diverse e si estendono a settori sempre più specifici.

La continua evoluzione dell'IA apre costantemente nuove frontiere, offrendo ai professionisti la possibilità di approfondire la propria conoscenza in settori altamente specializzati e di contribuire in modo significativo all'innovazione e alla trasformazione in corso.

L'Intelligenza Artificiale (IA) è un campo che abbraccia una vasta gamma di conoscenze, competenze e discipline. Una formazione interdisciplinare, che integra diverse aree di studio, emerge come un approccio cruciale per migliorare le competenze legate all'IA in modo completo e efficace.

Iniziando con la fusione tra l'informatica e le scienze dei dati, una formazione interdisciplinare consente agli studenti di acquisire una solida base tecnica. La comprensione dei linguaggi di programmazione, l'analisi dei dati e la padronanza di strumenti come TensorFlow o PyTorch diventano fondamentali. Tuttavia, questa base tecnica è solo l'inizio.

Un'approfondita comprensione della matematica è altrettanto essenziale. La statistica, l'algebra lineare e il calcolo sono pilastri fondamentali su cui si basano gli algoritmi dell'IA. Una formazione interdisciplinare consente agli studenti di integrare queste competenze matematiche con la pratica tecnologica, creando una sinergia tra teoria e applicazione pratica.

Un aspetto spesso trascurato ma cruciale è la comprensione del contesto etico e legale dell'IA. Un approccio interdisciplinare consente agli studenti di esplorare le implicazioni etiche legate all'uso dell'IA in diverse industrie. Ciò include la responsabilità algoritmica, la privacy dei dati e le questioni di equità nell'implementazione di sistemi intelligenti. Integrare questi aspetti nell'educazione all'IA contribuisce a formare professionisti consapevoli e responsabili.

La psicologia e le scienze cognitive sono anch'esse componenti rilevanti in una formazione interdisciplinare sull'IA. Comprendere come gli utenti interagiscono con sistemi intelligenti, la progettazione di interfacce utente intuitive e la considerazione degli aspetti psicologici nell'implementazione dell'IA migliorano la capacità di sviluppare soluzioni che rispondono alle esigenze umane.

Il dialogo aperto tra informatici e esperti del settore a cui l'IA si applica è altresì fondamentale. Una formazione interdisciplinare incoraggia la collaborazione tra studenti provenienti da diverse discipline, come la medicina, l'ingegneria, le scienze sociali e altro ancora. Questa diversità di prospettive arricchisce la comprensione dell'IA, portando a soluzioni più innovative e adattabili.

La comunicazione efficace è un'altra competenza chiave sviluppata attraverso una formazione interdisciplinare. Essendo l'IA spesso un campo complesso, la capacità di tradurre concetti tecnici in linguaggio comprensibile per un pubblico non specializzato è cruciale.

Questa abilità facilita la comunicazione tra team multidisciplinari e con *stakeholders* esterni, garantendo una comprensione chiara degli obiettivi e delle implicazioni dei progetti legati all'IA.Infatti, una formazione interdisciplinare nell'Intelligenza Artificiale (IA) svolge un ruolo fondamentale nel plasmare professionisti altamente competenti e consapevoli. Cominciando con l'integrazione dell'informatica e delle scienze dei dati, gli studenti sono esposti a una gamma diversificata di competenze tecniche. La comprensione approfondita dei linguaggi di programmazione e l'abilità di navigare attraverso strumenti avanzati come *TensorFlow* o *PyTorch* costituiscono una solida base per affrontare le sfide pratiche dell'IA.

Parallelamente, la formazione interdisciplinare rafforza la componente matematica, stabilendo una connessione tra teoria e applicazione.

La statistica, l'algebra lineare e il calcolo diventano strumenti pratici per la progettazione e l'implementazione di algoritmi IA. Questa sinergia tra competenze matematiche e conoscenze tecnologiche consente agli studenti di affrontare in modo più completo le sfide complesse del campo dell'IA.

Un aspetto spesso trascurato è la considerazione del contesto etico e legale. La formazione interdisciplinare permette agli studenti di esplorare le implicazioni etiche legate all'IA, come la responsabilità algoritmica, la privacy dei dati e la necessità di garantire l'equità nell'implementazione di sistemi intelligenti. L'integrazione di questi aspetti etici nell'educazione all'IA contribuisce a formare professionisti consapevoli, capaci di bilanciare l'innovazione tecnologica con le esigenze etiche della società.

Le discipline della psicologia e delle scienze cognitive diventano anch'esse fondamentali in una formazione interdisciplinare sull'IA. Comprendere come gli utenti interagiscono con sistemi intelligenti, progettare interfacce utente intuitive e considerare gli aspetti psicologici nell'implementazione dell'IA sono componenti chiave per sviluppare soluzioni che si adattano alle esigenze umane.

Il dialogo aperto tra informatici e esperti del settore in cui l'IA si applica diventa cruciale. La formazione interdisciplinare favorisce la collaborazione tra studenti provenienti da diverse discipline, come medicina, ingegneria, scienze sociali e altro ancora. Questa diversità di prospettive arricchisce la comprensione dell'IA, portando a soluzioni più innovative e adattabili che tengono conto di molteplici prospettive.

Infine, la comunicazione efficace emerge come un'abilità chiave sviluppata attraverso una formazione interdisciplinare. La capacità di tradurre concetti tecnici in linguaggio comprensibile per un pubblico non specializzato facilita la comunicazione tra team multidisciplinari e con *stakeholders* esterni. Questo assicura una comprensione chiara degli obiettivi e delle implicazioni dei progetti legati all'IA, promuovendo un dialogo informato e una collaborazione efficace in un ambiente di lavoro sempre più diversificato.

PARTECIPAZIONE A PROGETTI DI CROWDSOURCING

Come trovare e partecipare a progetti
di crowdsourcing basati sull'IA

Partecipare a progetti di crowdsourcing basati sull'Intelligenza Artificiale (IA) rappresenta un'opportunità dinamica per contribuire a progetti significativi, ampliare le proprie competenze e connettersi con una vasta comunità di persone provenienti da tutto il mondo. Tuttavia, trovare e partecipare attivamente a tali progetti richiede una strategia ben ponderata. Innanzitutto, è fondamentale identificare piattaforme di crowdsourcing specializzate nell'IA. Numerose piattaforme online offrono progetti che coinvolgono il contributo di individui per l'annotazione di dati, il miglioramento di algoritmi di *machine learning* e la validazione di risultati. Alcune delle piattaforme più note includono Amazon *Mechanical Turk*, *CrowdFlower* e *Kaggle*. Esplorare queste piattaforme è il punto di partenza per individuare opportunità di crowdsourcing.

Una strategia efficace è definire chiaramente i propri interessi e competenze. Poiché i progetti di crowdsourcing in ambito IA possono variare notevolmente, concentrarsi su aree specifiche di interesse o expertise permette di individuare progetti che si allineano meglio alle proprie capacità.

Questo non solo aumenta le probabilità di essere selezionati per progetti pertinenti, ma contribuisce anche a una partecipazione più significativa.

Partecipare a competizioni di machine *learning* su piattaforme come *Kaggle* può essere una modalità stimolante di coinvolgimento nel crowdsourcing. Queste competizioni offrono *dataset* complessi e sfide stimolanti, invitando i partecipanti a sviluppare modelli di *machine learning* innovativi. Non solo si ha l'opportunità di affinare le proprie competenze, ma ci si confronta anche con problemi reali proposti da aziende e organizzazioni di rilievo.

Un altro approccio è iscriversi a progetti di ricerca collaborativa. Università e istituti di ricerca spesso lanciano iniziative di crowdsourcing per raccogliere dati o validare algoritmi. Monitorare le pubblicazioni accademiche e le pagine web delle istituzioni può fornire accesso a progetti di crowdsourcing che coinvolgono contributi diretti alla ricerca scientifica.

L'interazione con la comunità online è altresì un aspetto chiave. Partecipare a forum, gruppi di discussione e social media dedicati all'IA permette di essere informati sulle ultime opportunità di crowdsourcing. La condivisione di esperienze e la connessione con altri partecipanti possono essere fonti preziose di informazioni su progetti rilevanti e nuove sfide.

Partecipare a progetti di crowdsourcing basati sull'Intelligenza Artificiale (IA) costituisce un modo dinamico e coinvolgente per contribuire a iniziative significative, sviluppare competenze avanzate e interagire con una vasta comunità globale. Tuttavia, navigare in questo vasto ecosistema richiede una strategia ben definita per individuare e partecipare attivamente a progetti che si allineano alle proprie competenze e interessi.

Innanzitutto, il primo passo cruciale è identificare le piattaforme di *crowdsourcing* specializzate nell'IA. Una pluralità di piattaforme online, tra cui Amazon *Mechanical Turk*, *CrowdFlower* e *Kaggle*, offre progetti che coinvolgono partecipanti per annotare dati, migliorare algoritmi di machine *learning* e convalidare risultati. Esplorare queste piattaforme rappresenta il punto di partenza per scoprire opportunità di crowdsourcing.

Una strategia efficace in questo contesto è la chiara definizione degli interessi e delle competenze. Poiché i progetti di crowdsourcing in ambito IA sono estremamente diversificati, concentrarsi su aree specifiche di competenza o interesse aiuta a individuare progetti più rilevanti e in linea con le proprie abilità. Questo approccio non solo aumenta le probabilità di essere selezionati, ma contribuisce anche a una partecipazione più significativa.

Partecipare a competizioni di *machine learning* su piattaforme come *Kaggle* costituisce un'opzione stimolante per coinvolgersi nel crowdsourcing.

Queste competizioni offrono *dataset* complessi e sfide stimolanti, invitando i partecipanti a sviluppare modelli di machine *learning* innovativi.

Attraverso queste competizioni, oltre a rifinire le competenze, si ha l'opportunità di confrontarsi con problemi reali proposti da aziende e organizzazioni di spicco.

Un altro approccio valido è iscriversi a progetti di ricerca collaborativa. Università e istituti di ricerca lanciano frequentemente iniziative di crowdsourcing per raccogliere dati o validare algoritmi.

Monitorare pubblicazioni accademiche e pagine web delle istituzioni offre l'accesso a progetti di crowdsourcing direttamente collegati alla ricerca scientifica.

L'interazione con la comunità online rappresenta un aspetto chiave. Partecipare a forum, gruppi di discussione e social media dedicati all'IA permette di essere aggiornati sulle ultime opportunità di crowdsourcing. Condividere esperienze e connettersi con altri partecipanti possono essere fonti preziose di informazioni su progetti rilevanti e nuove sfide.

Mantenere una presenza online professionale è altrettanto cruciale. Alcune piattaforme di crowdsourcing considerano il profilo e la reputazione online dei partecipanti nella selezione per progetti. Mantenere un profilo accurato, partecipare attivamente alla comunità e ricevere recensioni positive può aumentare la visibilità e le opportunità di essere coinvolti in progetti interessanti e impegnativi.

Una volta individuate le piattaforme e definite le aree di interesse, è importante monitorare regolarmente le nuove opportunità. Le sfide di crowdsourcing possono essere pubblicate periodicamente, quindi è consigliabile iscriversi alle notifiche o seguire gli aggiornamenti delle piattaforme preferite.

Durante la partecipazione a progetti, è essenziale mantenere un approccio *proattivo* e impegnato. Rispettare le scadenze, fornire contributi di qualità e interagire con la comunità possono contribuire a costruire una reputazione positiva, aumentando così le probabilità di essere selezionati per progetti futuri.

Infine, sfruttare al massimo le opportunità di apprendimento offerte da questi progetti. Oltre a contribuire al progetto stesso, considera ogni partecipazione come un'opportunità di crescita personale e professionale. I progetti di crowdsourcing offrono un terreno fertile per acquisire esperienza pratica nel campo dell'IA, migliorare competenze tecniche e affinare abilità di *problem-solving* in contesti reali.

In conclusione, partecipare attivamente a progetti di crowdsourcing nell'ambito dell'IA richiede una combinazione di ricerca mirata, specializzazione delle competenze e coinvolgimento attivo nella comunità. Con un approccio strategico e una costante ricerca di nuove sfide, è possibile sfruttare appieno le opportunità offerte dal crowdsourcing per arricchire il proprio bagaglio di competenze e contribuire in modo significativo a progetti innovativi.

Partecipare a progetti di *crowdsourcing* nell'ambito dell'Intelligenza Artificiale (IA) offre una serie di vantaggi significativi, ma non è privo di sfide. Esploriamo entrambi gli aspetti, fornendo una panoramica completa dell'esperienza di lavorare su progetti di questo tipo. Uno dei vantaggi più evidenti è l'accesso a una vasta gamma di progetti.

Le piattaforme di *crowdsourcing* aggregano una varietà di iniziative che spaziano dalla categorizzazione di immagini all'ottimizzazione di algoritmi di machine *learning*.

Questa diversità offre ai partecipanti la possibilità di selezionare progetti in base alle proprie competenze e interessi, creando un'esperienza di lavoro su misura.

Inoltre, partecipare a progetti di crowdsourcing può essere un modo efficace per ampliare le proprie competenze. Gli individui hanno l'opportunità di lavorare su progetti reali, affrontando sfide pratiche e affinando le loro abilità tecniche. La varietà di progetti disponibili consente di esplorare nuovi settori e di acquisire esperienza pratica in campi specifici dell'IA.

Un altro vantaggio è la flessibilità temporale offerta da molti progetti di *crowdsourcing*. La possibilità di scegliere quando e quanto lavorare consente ai partecipanti di integrare queste attività nella propria routine quotidiana, rendendo il crowdsourcing una valida opzione per chi ha impegni lavorativi o di studio.

D'altra parte, lavorare su progetti di crowdsourcing presenta anche alcune sfide. Una delle principali è la competizione. Dato che molte persone partecipano a questi progetti, è possibile che la selezione per alcuni compiti sia più competitiva, richiedendo un impegno costante e di alta qualità per emergere e ottenere progetti più desiderabili.

La compensazione economica può variare notevolmente. Alcuni progetti offrono retribuzioni competitive, mentre altri possono offrire pagamenti modesti. La necessità di bilanciare il tempo e lo sforzo investito con la compensazione offerta è una considerazione importante per chi decide di impegnarsi in progetti di crowdsourcing.

La qualità del lavoro è un'altra sfida. Poiché la partecipazione a progetti di crowdsourcing è aperta a una vasta gamma di individui, garantire la qualità e l'affidabilità del lavoro può essere complesso. Alcuni progetti implementano sistemi di verifica e feedback, ma la gestione della qualità rimane una questione critica.

La mancanza di continuità occupazionale è un aspetto da considerare. I progetti di crowdsourcing, per loro natura, possono essere temporanei e non garantire una fonte di reddito stabile a lungo termine.

Questa incertezza occupazionale può rappresentare una sfida per coloro che cercano una sicurezza lavorativa a lungo termine. Un ulteriore vantaggio è la democratizzazione dell'accesso al lavoro. I progetti di crowdsourcing spesso offrono opportunità di lavoro aperte a livello globale, consentendo a individui provenienti da diverse parti del mondo di partecipare. Questo amplia la base di talenti disponibili e offre un contesto di lavoro diversificato.

Inoltre, partecipare a progetti di *crowdsourcing* può essere una porta d'accesso al mondo dell'IA per coloro che sono nuovi nel campo. Le attività di annotazione dati e le sfide di machine *learning* accessibili possono servire come punto di partenza per coloro che desiderano acquisire esperienza pratica senza la necessità di competenze avanzate.

D'altra parte, la natura decentralizzata dei progetti di crowdsourcing può portare a una mancanza di coesione e comunicazione tra i partecipanti. La collaborazione è spesso limitata, e i membri del team potrebbero non interagire direttamente. Questa mancanza di coesione potrebbe influire sulla qualità complessiva del progetto.

Infine, i progetti di crowdsourcing potrebbero non essere adatti a tutti i tipi di compiti legati all'IA.

Attività altamente specializzate o complesse potrebbero richiedere una maggiore collaborazione e supervisione, che potrebbe non essere adeguatamente gestita da piattaforme di *crowdsourcing*.

In conclusione, partecipare a progetti di crowdsourcing nell'ambito dell'IA offre vantaggi e sfide uniche. La diversità delle opportunità, l'ampliamento delle competenze e la flessibilità temporale sono aspetti positivi, mentre la competizione, la variabilità nella compensazione economica e le sfide legate alla qualità del lavoro rappresentano sfide da affrontare. La decisione di impegnarsi in progetti di crowdsourcing dipende dalle priorità individuali, dalle competenze e dall'approccio personale alla carriera.

Partecipare a progetti di crowdsourcing nell'ambito dell'Intelligenza Artificiale (IA) non solo offre opportunità di lavoro individuale, ma presenta anche un terreno fertile per la collaborazione e la condivisione di competenze. Questa dinamica collaborativa può essere altamente vantaggiosa per tutti i partecipanti coinvolti.

Uno degli aspetti più stimolanti è la possibilità di connettersi con una comunità globale di persone appassionate di IA. Le piattaforme di crowdsourcing spesso fungono da hub virtuale per individui provenienti da diversi contesti culturali, accademici e professionali. Questa diversità offre un'ampia gamma di prospettive, conoscenze e abilità, creando un ambiente stimolante per la collaborazione.

La condivisione di competenze è un elemento chiave in questo contesto. Molti progetti richiedono una combinazione di competenze tecniche, creative e analitiche.

La possibilità di lavorare con individui che hanno esperienze e competenze complementari consente di affrontare sfide più complesse e di ottenere risultati più robusti. Ad esempio, un esperto in algoritmi di *machine learning* potrebbe collaborare con un esperto di design per sviluppare un'applicazione innovativa.

Le competizioni su piattaforme come *Kaggle*, che coinvolgono sfide complesse di machine *learning*, sono un esempio di come la collaborazione possa portare a soluzioni più avanzate. Team di partecipanti con competenze diverse si uniscono per affrontare problemi che richiedono conoscenze specializzate, creando soluzioni sinergiche che spingono i limiti dell'innovazione nel campo dell'IA.

Inoltre, la condivisione di competenze si estende oltre la sfera tecnica. La partecipazione a progetti di crowdsourcing può coinvolgere anche competenze di gestione del progetto, organizzazione del lavoro e comunicazione efficace. Queste abilità trasversali diventano cruciali quando i partecipanti lavorano insieme su progetti complessi che richiedono un coordinamento efficace e una chiara comunicazione delle idee.

La natura aperta dei progetti di *crowdsourcing* offre spazio per l'apprendimento reciproco. Mentre gli esperti condividono le loro conoscenze specializzate, i partecipanti meno esperti hanno l'opportunità di apprendere e crescere professionalmente. Questa circolazione di conoscenze contribuisce alla formazione di una comunità coesa e dinamica.

La collaborazione su progetti di *crowdsourcing* può anche portare a nuove opportunità di *networking*.

La connessione con professionisti e appassionati del settore può aprire porte a collaborazioni future, offrendo la possibilità di lavorare su progetti più ampi e impegnativi. La creazione di relazioni in questo contesto può avere impatti positivi a lungo termine sulla carriera e sull'evoluzione delle competenze.

La partecipazione a progetti di *crowdsourcing* nell'ambito dell'IA va oltre la mera esecuzione di compiti. Rappresenta un'opportunità di creare sinergie, sfruttare la diversità di competenze, apprendere reciprocamente e costruire connessioni significative all'interno di una comunità globale.

La collaborazione diventa così un elemento centrale che contribuisce non solo al successo individuale dei partecipanti ma anche allo sviluppo dell'intera comunità di appassionati di IA.Partecipare a progetti di crowdsourcing nell'ambito dell'Intelligenza Artificiale (IA) non solo offre opportunità di lavoro individuale, ma presenta anche un terreno fertile per la collaborazione e la condivisione di competenze. Questa dinamica collaborativa può essere altamente vantaggiosa per tutti i partecipanti coinvolti.

Uno degli aspetti più stimolanti è la possibilità di connettersi con una comunità globale di persone appassionate di IA. Le piattaforme di *crowdsourcing* spesso fungono da hub virtuale per individui provenienti da diversi contesti culturali, accademici e professionali. Questa diversità offre un'ampia gamma di prospettive, conoscenze e abilità, creando un ambiente stimolante per la collaborazione.

La condivisione di competenze è un elemento chiave in questo contesto. Molti progetti richiedono una combinazione di competenze tecniche, creative e analitiche.

La possibilità di lavorare con individui che hanno esperienze e competenze complementari consente di affrontare sfide più complesse e di ottenere risultati più robusti.

Ad esempio, un esperto in algoritmi di machine *learning* potrebbe collaborare con un esperto di design per sviluppare un'applicazione innovativa.

Le competizioni su piattaforme come *Kaggle*, che coinvolgono sfide complesse di machine *learning*, sono un esempio di come la collaborazione possa portare a soluzioni più avanzate. Team di partecipanti con competenze diverse si uniscono per affrontare problemi che richiedono conoscenze specializzate, creando soluzioni sinergiche che spingono i limiti dell'innovazione nel campo dell'IA.

Inoltre, la condivisione di competenze si estende oltre la sfera tecnica. La partecipazione a progetti di *crowdsourcing* può coinvolgere anche competenze di gestione del progetto, organizzazione del lavoro e comunicazione efficace. Queste abilità trasversali diventano cruciali quando i partecipanti lavorano insieme su progetti complessi che richiedono un coordinamento efficace e una chiara comunicazione delle idee.

La natura aperta dei progetti di crowdsourcing offre spazio per l'apprendimento reciproco. Mentre gli esperti condividono le loro conoscenze specializzate, i partecipanti meno esperti hanno l'opportunità di apprendere e crescere professionalmente. Questa circolazione di conoscenze contribuisce alla formazione di una comunità coesa e dinamica.

La collaborazione su progetti di *crowdsourcing* può anche portare a nuove opportunità di *networking*.

La connessione con professionisti e appassionati del settore può aprire porte a collaborazioni future, offrendo la possibilità di lavorare su progetti più ampi e impegnativi.

La creazione di relazioni in questo contesto può avere impatti positivi a lungo termine sulla carriera e sull'evoluzione delle competenze.

La partecipazione a progetti di *crowdsourcing* nell'ambito dell'IA va oltre la mera esecuzione di compiti. Rappresenta un'opportunità di creare sinergie, sfruttare la diversità di competenze, apprendere reciprocamente e costruire connessioni significative all'interno di una comunità globale. La collaborazione diventa così un elemento centrale che contribuisce non solo al successo individuale dei partecipanti ma anche allo sviluppo dell'intera comunità di appassionati di IA.

L'interazione collaborativa in progetti di crowdsourcing nell'ambito dell'Intelligenza Artificiale (IA) offre un terreno fertile per la condivisione di competenze e l'espansione delle reti professionali. Approfondiamo ulteriormente questi aspetti cruciali.

La collaborazione non solo stimola la creatività ma promuove anche una maggiore efficienza. Un team diversificato, formato da individui con competenze complementari, può affrontare sfide complesse in modo più completo, trovando soluzioni innovative attraverso la fusione di prospettive uniche. La varietà di esperienze e competenze all'interno di una comunità di crowdsourcing offre un ricco terreno di apprendimento reciproco, arricchendo la comprensione individuale e collettiva del vasto panorama dell'IA.

Un aspetto significativo è la natura aperta di molte piattaforme di crowdsourcing. Questo ambiente facilita il flusso continuo di informazioni e consente la collaborazione flessibile su progetti in evoluzione.

La capacità di adattarsi rapidamente alle nuove sfide e alle richieste del settore è un vantaggio considerevole, posizionando i partecipanti in una posizione in cui possono essere all'avanguardia delle ultime tendenze e innovazioni nel campo dell'IA.

La condivisione di competenze non si limita alle abilità tecniche. La gestione del progetto, la comunicazione efficace e la risoluzione collaborativa dei problemi emergono come aspetti cruciali. La collaborazione all'interno di progetti di crowdsourcing promuove l'apprendimento di queste competenze trasversali, essenziali per lavorare in team multidisciplinari, migliorando la preparazione dei partecipanti per sfide più ampie nel mondo professionale.

Partecipare a competizioni su piattaforme come *Kaggle* rappresenta un esempio tangibile di come la competizione e la collaborazione possano coesistere. I partecipanti, pur gareggiando tra loro, spesso condividono approcci e soluzioni, contribuendo a una crescita collettiva della conoscenza. Questa dinamica ha il potenziale di elevare l'intera comunità, spingendo i limiti dell'innovazione e accelerando lo sviluppo di soluzioni avanzate in IA.

Infine, la collaborazione su progetti di crowdsourcing può aprire porte a nuove opportunità di carriera. La connessione con professionisti e esperti del settore non solo arricchisce la rete di contatti, ma può anche portare a proposte di lavoro, partnership o persino avventure imprenditoriali. La costruzione di relazioni significative in questo contesto può avere impatti positivi a lungo termine sulla carriera e sulla crescita professionale dei partecipanti.

In conclusione, partecipare a progetti di crowdsourcing nell'ambito dell'IA va oltre il semplice svolgere compiti individuali. Rappresenta un'opportunità di collaborare, condividere competenze e costruire connessioni in una comunità globale.

La collaborazione non solo arricchisce il bagaglio di conoscenze individuali, ma contribuisce anche allo sviluppo collettivo del campo dell'IA, accelerando l'innovazione e preparando i partecipanti per sfide sempre più complesse nel futuro dell'intelligenza artificiale.

Partecipare a progetti di crowdsourcing rappresenta una via innovativa e dinamica per affrontare sfide complesse, sfruttando le risorse collettive e le competenze di individui distribuiti in tutto il mondo. In un contesto in cui la collaborazione online è sempre più diffusa, le strategie per distinguersi in progetti di *crowdsourcing* competitivi diventano fondamentali per ottenere risultati di successo.

Prima di intraprendere un percorso di crowdsourcing, è essenziale comprendere appieno la natura del progetto e identificare i propri obiettivi. Definire chiaramente cosa si intende ottenere e quali competenze sono necessarie per raggiungere tali obiettivi è il punto di partenza per una partecipazione efficace. Un'analisi approfondita delle proprie capacità e delle esigenze del progetto permette di selezionare le piattaforme di crowdsourcing più adatte e di massimizzare il contributo individuale.

La creazione di un profilo accattivante e dettagliato è cruciale per catturare l'attenzione dei potenziali collaboratori e dimostrare le proprie competenze. In un mondo in cui l'immagine online è di fondamentale importanza, presentare un profilo completo e professionale può fare la differenza tra essere scelti o ignorati. La trasparenza riguardo alle esperienze passate, alle competenze acquisite e agli interessi personali aiuta a costruire fiducia e ad attirare individui con competenze complementari.

Un altro aspetto chiave è la partecipazione attiva alle comunità online correlate al proprio settore di competenza. L'interazione con esperti e appassionati consente di rimanere aggiornati sulle ultime tendenze, acquisire nuove conoscenze e costruire relazioni che possono essere cruciali per il successo nei progetti di crowdsourcing. La condivisione di idee, la partecipazione a discussioni e la risoluzione di problemi comuni contribuiscono a costruire una reputazione positiva e a consolidare la propria presenza nella comunità.

Un elemento spesso sottovalutato è la capacità di comunicare in modo chiaro e persuasivo. La presentazione delle proprie idee, la spiegazione di concetti complessi e la gestione efficace delle interazioni sono abilità fondamentali per emergere in progetti di crowdsourcing. Una comunicazione efficace aiuta a evitare fraintendimenti, a coordinare le attività di gruppo e a mantenere elevati livelli di motivazione tra i partecipanti.

La flessibilità è un tratto distintivo di coloro che riescono a distinguersi in progetti di crowdsourcing competitivi.

Essere aperti a nuove idee, adattarsi rapidamente ai cambiamenti e imparare dalle esperienze sono abilità che consentono di affrontare con successo le sfide mutevoli di progetti collaborativi.

La capacità di integrare feedback costruttivi, di modificare approcci in base alle esigenze del progetto e di collaborare in modo sinergico con altri partecipanti è essenziale per ottenere risultati di alto livello.

La partecipazione a progetti di *crowdsourcing* si configura come una strategia avveniristica e dinamica per fronteggiare sfide di complessità variegata, capitalizzando sulle risorse aggregate e le competenze disseminate in tutto il globo.

In un panorama in cui la collaborazione online si propaga sempre più diffusamente, le tattiche per emergere in progetti di crowdsourcing competitivi rivestono un ruolo cardinale nel conseguimento di successi tangibili.

Prima di avventurarsi in un percorso di *crowdsourcing*, è imprescindibile acquisire una comprensione approfondita della natura del progetto e delineare chiaramente gli obiettivi personali. La chiarezza nel definire cosa si intende ottenere e quali competenze sono richieste costituisce il punto di partenza essenziale per una partecipazione proficua. Un'analisi scrupolosa delle proprie abilità e delle esigenze specifiche del progetto consente di selezionare con sagacia le piattaforme di crowdsourcing più adeguate, ottimizzando così il contributo individuale.

La creazione di un profilo accattivante e dettagliato emerge come aspetto cruciale per attrarre l'attenzione dei potenziali collaboratori e dimostrare le proprie competenze. In un'era in cui l'immagine online riveste un'importanza cruciale, la presentazione di un profilo completo e professionale può costituire il divario tra essere scelti o trascurati.

La trasparenza riguardo alle esperienze pregresse, alle competenze acquisite e agli interessi personali contribuisce a instaurare fiducia e ad attirare individui dotati di competenze complementari.

Un altro elemento di primaria importanza è la partecipazione attiva alle comunità online connesse al proprio ambito di competenza. L'interazione con esperti e appassionati consente di rimanere aggiornati sulle ultime tendenze, di acquisire nuove conoscenze e di costruire relazioni che possono rivelarsi decisive per il successo nei progetti di crowdsourcing. La condivisione di idee, la partecipazione a discussioni e la soluzione collaborativa di problematiche comuni concorrono a consolidare una reputazione positiva e a rafforzare la propria presenza nella comunità.

Un aspetto spesso sottovalutato è la capacità di comunicare in modo chiaro e persuasivo. La presentazione eloquente delle proprie idee, l'esposizione comprensibile di concetti complessi e la gestione efficace delle interazioni emergono come abilità fondamentali per primeggiare in progetti di crowdsourcing. Una comunicazione efficace contribuisce a evitare malintesi, a coordinare le attività di gruppo e a mantenere elevati livelli di motivazione tra i partecipanti.

La flessibilità si configura come tratto distintivo per coloro che riescono a emergere in progetti di crowdsourcing competitivi.

Essere aperti a nuove idee, adattarsi con prontezza ai cambiamenti e imparare dalle esperienze si configurano come abilità chiave per affrontare con successo le sfide mutevoli di progetti collaborativi.

La capacità di integrare feedback costruttivi, di adattare gli approcci in base alle esigenze del progetto e di collaborare sinergicamente con altri partecipanti si rivela essenziale per conseguire risultati di alto livello.

Siamo giunti così a delineare un quadro articolato delle strategie chiave per distinguersi in progetti di crowdsourcing competitivi. La partecipazione a questa forma innovativa di collaborazione richiede una combinazione equilibrata di competenze, flessibilità e capacità comunicative. L'approfondita comprensione della propria posizione nel contesto del progetto, la creazione di un profilo che rifletta chiaramente le competenze e l'esperienza, e l'interazione attiva con comunità online emergono come pilastri fondamentali.

In un mondo sempre più interconnesso, il successo nel crowdsourcing dipende anche dalla capacità di adattarsi rapidamente alle evoluzioni del progetto e di collaborare sinergicamente con un gruppo eterogeneo di partecipanti. La flessibilità nell'integrare *feedback*, modificare approcci e apprendere dalle esperienze contribuisce non solo al successo individuale ma anche alla creazione di un ambiente di collaborazione dinamico e stimolante.

La comunicazione efficace, da parte sua, svolge un ruolo cruciale nel consolidare relazioni positive e nel mantenere elevati livelli di motivazione. La trasparenza e la chiarezza nella presentazione delle idee sono strumenti potenti per evitare malintesi e per garantire un flusso costante di informazioni all'interno del gruppo di lavoro.

In definitiva, partecipare a progetti di *crowdsourcing* offre un terreno fertile per l'innovazione, la condivisione di conoscenze e la costruzione di reti professionali.

Adottare strategie efficaci, dalla definizione chiara degli obiettivi personali all'interazione attiva con la comunità online, è essenziale per emergere in questo contesto altamente competitivo.

La capacità di apprendere, adattarsi e collaborare diventa così il motore propulsore per distinguersi in progetti di crowdsourcing e per contribuire in modo significativo alla risoluzione di sfide complesse.

Partecipare a progetti di crowdsourcing è un'esperienza ricca di opportunità e sfide, e una gestione efficace del carico di lavoro è cruciale per garantire risultati positivi. In questo contesto collaborativo, dove individui provenienti da diverse parti del mondo contribuiscono con le proprie competenze, è fondamentale adottare strategie pratiche per gestire il flusso di lavoro in modo efficiente.

Per affrontare con successo il carico di lavoro in progetti di crowdsourcing, è essenziale iniziare con una pianificazione attenta. Prima di immergersi nelle attività del progetto, prendersi il tempo necessario per comprendere appieno gli obiettivi e le aspettative, stabilendo chiaramente i passi da compiere. Una chiara mappa mentale del lavoro da svolgere aiuta a evitare confusione e assicura che ogni partecipante abbia una visione chiara del proprio ruolo nel contesto generale.

L'organizzazione delle attività è un elemento chiave per gestire il carico di lavoro in modo efficiente.

Strutturare le mansioni in compiti più piccoli e gestibili consente una distribuzione più equa del lavoro tra i partecipanti. Inoltre, assegnare priorità alle attività in base alla loro importanza contribuisce a mantenere un flusso costante e a garantire che le tappe cruciali siano affrontate con la dovuta attenzione.

La comunicazione chiara è un altro aspetto cruciale nella gestione del carico di lavoro. Essere aperti nel condividere le proprie aspettative, chiarire i compiti assegnati e fornire aggiornamenti regolari contribuisce a evitare malintesi e a mantenere un'efficace collaborazione all'interno del team di *crowdsourcing*. L'utilizzo di piattaforme di comunicazione online, chat o forum dedicati facilita lo scambio di informazioni e la risoluzione tempestiva di eventuali problemi.

L'adattabilità è una caratteristica essenziale quando si gestisce il carico di lavoro in progetti di crowdsourcing. Poiché le dinamiche possono cambiare rapidamente, essere pronti a modificare la strategia e affrontare nuove sfide è fondamentale per mantenere l'efficienza. La flessibilità nell'approcciare i compiti e nell'integrare *feedback* da parte degli altri partecipanti consente al team di adattarsi alle mutevoli esigenze del progetto. La condivisione delle responsabilità è un principio chiave nella gestione del carico di lavoro.

Distribuire equamente le attività tra i membri del team garantisce che nessuno si trovi sovraccaricato e che le competenze di ciascun partecipante siano sfruttate in modo ottimale. Inoltre, incoraggiare la collaborazione e la condivisione delle competenze crea un ambiente di lavoro coeso e dinamico.

Gestire il carico di lavoro in progetti di crowdsourcing richiede una combinazione di pianificazione accurata, organizzazione efficiente, comunicazione chiara, adattabilità e condivisione delle responsabilità. Implementando queste pratiche, i partecipanti possono massimizzare il loro contributo e contribuire al successo complessivo del progetto di *crowdsourcing*.

Partecipare a progetti di crowdsourcing è un'esperienza che richiede non solo competenze specifiche, ma anche una gestione oculata del carico di lavoro. In questo ambiente collaborativo, dove le risorse provengono da diverse parti del mondo, la pianificazione attenta costituisce il fondamento per un risultato positivo. Prima di addentrarsi nelle attività del progetto, è essenziale dedicare il tempo necessario per comprendere appieno gli obiettivi e le aspettative, tracciando chiaramente i passi da compiere. Una mappa mentale chiara del lavoro da svolgere non solo evita confusione, ma assicura che ogni partecipante abbia una visione nitida del proprio ruolo nel contesto generale.

L'organizzazione delle attività è un elemento cruciale per gestire il carico di lavoro in modo efficiente. Suddividere le mansioni in compiti più piccoli e gestibili facilita una distribuzione equa del lavoro tra i partecipanti. Assegnare priorità in base all'importanza delle attività contribuisce a mantenere un flusso costante e a garantire che le tappe cruciali siano affrontate con la dovuta attenzione.

La comunicazione chiara rappresenta un altro aspetto fondamentale nella gestione del carico di lavoro. Essere aperti nel condividere le aspettative, chiarire i compiti assegnati e fornire aggiornamenti regolari contribuisce a evitare malintesi e a mantenere un'efficace collaborazione all'interno del team di *crowdsourcing*.

L'utilizzo di piattaforme di comunicazione online, chat o forum dedicati semplifica lo scambio di informazioni e la risoluzione tempestiva di eventuali problematiche.

L'adattabilità emerge come caratteristica essenziale quando si gestisce il carico di lavoro in progetti di *crowdsourcing*.

Poiché le dinamiche possono cambiare rapidamente, la prontezza nel modificare la strategia e affrontare nuove sfide è fondamentale per mantenere l'efficienza.

La flessibilità nell'approcciare i compiti e nell'integrare *feedback* da parte degli altri partecipanti consente al team di adattarsi alle mutevoli esigenze del progetto.

La condivisione delle responsabilità costituisce un principio cardine nella gestione del carico di lavoro. Distribuire equamente le attività tra i membri del team garantisce che nessuno si trovi sovraccaricato e che le competenze di ciascun partecipante siano sfruttate in modo ottimale. Inoltre, incoraggiare la collaborazione e la condivisione delle competenze crea un ambiente di lavoro coeso e dinamico.

Gestire il carico di lavoro in progetti di crowdsourcing richiede una combinazione di pianificazione accurata, organizzazione efficiente, comunicazione chiara, adattabilità e condivisione delle responsabilità. Implementando queste pratiche, i partecipanti possono massimizzare il loro contributo e contribuire al successo complessivo del progetto di crowdsourcing.

Nel contesto dinamico dei progetti di crowdsourcing,

l'implementazione di strategie pratiche diventa vitale per ottimizzare l'esperienza di partecipazione e massimizzare i risultati complessivi. La pianificazione dettagliata, come menzionato, è solo l'inizio di un processo che richiede attenzione costante per affrontare le diverse sfaccettature del carico di lavoro.

Un elemento cruciale è la definizione di obiettivi chiari e realistici per ciascun partecipante. Questo non solo facilita la suddivisione equa delle attività, ma consente anche a ogni membro del team di concentrarsi su compiti specifici, contribuendo così alla specializzazione e all'efficienza. L'allineamento degli obiettivi individuali con quelli del progetto nel suo complesso è fondamentale per mantenere una direzione coesa.

Parallelamente, l'utilizzo di strumenti e piattaforme di gestione del progetto può semplificare notevolmente il coordinamento delle attività. Questi strumenti consentono la tracciabilità delle attività, la condivisione di documenti e informazioni in tempo reale e la gestione efficiente delle scadenze. L'adozione di tali risorse tecnologiche ottimizza il flusso di lavoro e facilita la collaborazione, specialmente quando i partecipanti sono geograficamente dispersi.

La capacità di adattarsi rapidamente ai cambiamenti rappresenta un altro aspetto critico nella gestione del carico di lavoro. Nel panorama dinamico del crowdsourcing, dove i requisiti del progetto possono evolvere in modo repentino, la flessibilità nell'approcciare i compiti e nell'adattare le strategie è fondamentale per affrontare nuove sfide e garantire la coerenza nel raggiungere gli obiettivi.

La collaborazione stretta e la condivisione delle competenze emergono come fattori chiave per gestire il carico di lavoro in modo efficace.

Incoraggiare il confronto di idee, la condivisione di risorse e la collaborazione attiva tra i partecipanti non solo arricchisce il processo creativo ma contribuisce anche a superare eventuali ostacoli in modo più efficiente.

In conclusione, gestire il carico di lavoro nei progetti di crowdsourcing richiede una combinazione di pianificazione strategica, utilizzo di strumenti appropriati, adattabilità, promozione della collaborazione e la capacità di apprendere costantemente dai feedback.

L'adozione di queste pratiche non solo facilita il raggiungimento degli obiettivi prefissati ma contribuisce anche a creare un ambiente collaborativo dinamico e gratificante per tutti i partecipanti.

CREAZIONE DI CONTENUTI PER L'IA

*Esplorazione delle opportunità di guadagno
attraverso la creazione di contenuti che
alimentano modelli di Intelligenza Artificiale*

L'avvento dell'Intelligenza Artificiale (IA) ha trasformato radicalmente il modo in cui interagiamo con la tecnologia e ha aperto nuove prospettive in molteplici settori. Una delle opportunità più affascinanti che l'era dell'IA presenta è la creazione di contenuti mirati a nutrire e addestrare modelli di Intelligenza Artificiale. Questa pratica non solo contribuisce al progresso dell'IA stessa ma offre anche interessanti possibilità di guadagno per coloro che sono in grado di fornire dati di qualità e contesti di apprendimento rilevanti.

Creare contenuti per l'IA implica la generazione di *dataset* strutturati e annotati, fondamentali per l'addestramento di algoritmi e la validazione dei modelli. Questi *dataset* possono riguardare una vasta gamma di settori, come il riconoscimento vocale, l'elaborazione del linguaggio naturale, la visione artificiale e altro ancora. In tal senso, chiunque abbia competenze specifiche in un dominio particolare può contribuire alla creazione di *dataset* di alta qualità.

Un esempio chiave è il campo dell'etichettatura dei dati. L'IA spesso richiede grandi quantità di dati annotati per apprendere e generalizzare correttamente. Le opportunità di guadagno emergono quando individui o aziende si dedicano a annotare immagini, testi o altri tipi di dati per migliorare l'accuratezza degli algoritmi di *machine learning*. Questo processo richiede una comprensione approfondita del dominio specifico e una capacità di fornire annotazioni precise e coerenti.

Altrettanto rilevante è la creazione di contenuti generati artificialmente per testare e potenziare l'IA. Ad esempio, la produzione di testi, immagini o suoni che simulano situazioni del mondo reale contribuisce a migliorare la capacità dell'IA di affrontare scenari complessi e variegati. Le competenze creative e tecniche diventano dunque una risorsa preziosa per chi si dedica a generare input di addestramento innovativi.

La partecipazione attiva in progetti di creazione di contenuti per l'IA non si limita alla sfera tecnica, ma si estende anche alla dimensione umana. La moderazione dei contenuti online, ad esempio, è un aspetto cruciale per mantenere un ambiente sicuro e rispettoso. L'IA può essere addestrata per svolgere questa funzione, e coloro che contribuiscono a filtrare e valutare i contenuti migliorano l'efficacia di tali algoritmi.

Un'altra via interessante è rappresentata dai *marketplace* che collegano creatori di contenuti a coloro che necessitano di dati per l'IA.

Questi mercati offrono un terreno fertile per monetizzare le competenze, consentendo a chiunque abbia la capacità di creare *dataset* di mettere a disposizione le proprie risorse.

È importante sottolineare che la creazione di contenuti per l'IA non è solo un'opportunità di guadagno, ma anche un modo di contribuire alla crescita e allo sviluppo dell'Intelligenza Artificiale stessa.

Chi partecipa a questa attività non solo beneficia economicamente ma svolge un ruolo attivo nella formazione di sistemi sempre più avanzati e intelligenti che impatteranno positivamente su vari settori, dalla salute all'automazione industriale.

La creazione di contenuti per l'IA si configura come un terreno fertile per coloro che desiderano sfruttare le proprie competenze per fini utili e, contemporaneamente, guadagnare. La convergenza tra creatività, competenze specifiche e tecnologia apre nuove strade in cui la collaborazione umana diventa il motore trainante per l'evoluzione dell'Intelligenza Artificiale.L'avvento dell'Intelligenza Artificiale (IA) ha segnato una rivoluzione significativa nei paradigmi dell'interazione umana con la tecnologia, aprendo nuove prospettive e sfide in vari settori. Tra le opportunità più intriganti offerte dall'era dell'IA emerge la possibilità di generare contenuti mirati a alimentare e addestrare modelli di Intelligenza Artificiale. Questa pratica, oltre a contribuire al costante progresso dell'IA, presenta interessanti e diversificate prospettive di guadagno per coloro che possono fornire dati di alta qualità e contesti di apprendimento rilevanti.

La creazione di contenuti per l'IA è intrinsecamente legata alla generazione di *dataset* strutturati e annotati, che svolgono un ruolo fondamentale nell'addestramento degli algoritmi e nella validazione dei modelli. Questi *dataset* abbracciano una vasta gamma di settori, inclusi il riconoscimento vocale, l'elaborazione del linguaggio naturale, la visione artificiale e molte altre applicazioni. In questo contesto, chiunque possieda competenze specifiche in un determinato dominio può apportare un contributo significativo alla creazione di *dataset* di alta qualità.

Un esempio eloquente di questa dinamica è rappresentato dal campo dell'etichettatura dei dati. L'IA richiede spesso grandi quantità di dati annotati per apprendere e generalizzare correttamente. Le opportunità di guadagno emergono quando individui o aziende si dedicano con precisione e coerenza all'annotazione di immagini, testi o altri tipi di dati, migliorando così l'accuratezza degli algoritmi di *machine learning*. Questo processo richiede una comprensione approfondita del dominio specifico, trasformando la creazione di contenuti in un atto di collaborazione tecnica e specializzata.

Parallelamente, assume notevole rilevanza la creazione di contenuti generati artificialmente finalizzati a testare e potenziare l'IA. La produzione di testi, immagini o suoni che simulano situazioni del mondo reale contribuisce significativamente a migliorare la capacità dell'IA di affrontare scenari complessi e variegati. In questo contesto, le competenze creative e tecniche diventano una risorsa inestimabile per coloro che si dedicano alla generazione di input di addestramento innovativi, contribuendo così all'arricchimento continuo dei modelli di Intelligenza Artificiale.

La partecipazione attiva a progetti di creazione di contenuti per l'IA non si limita alla sfera tecnica, ma si estende anche alla dimensione umana. La moderazione dei contenuti online, ad esempio, rappresenta un aspetto cruciale per mantenere un ambiente digitale sicuro e rispettoso. Qui, l'IA può essere addestrata per svolgere un ruolo di moderazione, e coloro che contribuiscono a filtrare e valutare i contenuti giocano un ruolo determinante nell'efficacia di tali algoritmi, inserendo così l'umano nel cuore stesso del processo di perfezionamento tecnologico.

Ulteriori opportunità emergono attraverso i *marketplace* che facilitano la connessione tra creatori di contenuti e coloro che necessitano di dati per l'IA.

Tali piattaforme offrono un terreno fertile per monetizzare le competenze, permettendo a chiunque abbia la capacità di creare *dataset* di mettere a disposizione le proprie risorse e, al contempo, di accedere a progetti interessanti e remunerativi.

In conclusione, la creazione di contenuti per l'IA si presenta come un territorio ricco di opportunità per coloro che desiderano sfruttare le proprie competenze per fini utili e, al contempo, desiderano beneficiare economicamente. La convergenza tra creatività, competenze specialistiche e tecnologia non solo apre nuove strade per il guadagno individuale ma rappresenta un contributo attivo alla formazione di sistemi di Intelligenza Artificiale sempre più avanzati e intelligenti. In questo intricato intreccio tra umano e tecnologia, la collaborazione diventa il motore propulsore per l'evoluzione continua dell'IA e delle sue molteplici applicazioni pratiche.

La creazione di contenuti destinati all'Intelligenza Artificiale (IA) è una pratica complessa che richiede attenzione ai dettagli e una comprensione approfondita delle esigenze degli algoritmi di apprendimento automatico. Per produrre contenuti di alta qualità che possano migliorare l'efficacia degli algoritmi, è essenziale seguire alcuni suggerimenti pratici.

Innanzitutto, la chiarezza e la coerenza sono fondamentali. Gli algoritmi di IA traggono vantaggio da dati ben strutturati e annotati in modo uniforme. Quando si crea contenuto, assicurarsi di fornire etichette e annotazioni in modo preciso e coerente. Questo non solo migliora la qualità del *dataset* ma consente anche una maggiore precisione nei risultati dell'addestramento.

Inoltre, la diversità nei dati è cruciale per garantire che gli algoritmi siano in grado di generalizzare correttamente. Quando si generano contenuti, assicurarsi di coprire una vasta gamma di casi d'uso, contesti e variazioni. Questa diversità aiuta l'IA a comprendere in modo più completo e accurato le sfumature del mondo reale, migliorando così le sue capacità predittive e analitiche.

La trasparenza è un altro elemento chiave. Fornire informazioni dettagliate sul contesto dei dati è essenziale per garantire una comprensione accurata da parte dell'IA. Ciò significa che, quando si creano contenuti, è importante documentare chiaramente le fonti, le condizioni in cui sono stati acquisiti i dati e qualsiasi informazione rilevante che possa influire sull'interpretazione dei risultati.

L'attenzione alla qualità visiva e testuale è altrettanto rilevante. Se si creano immagini, assicurarsi che siano nitide, ben illuminate e rappresentative del soggetto. Per i dati testuali, la precisione nella scelta delle parole e la coerenza stilistica sono cruciali. La cura nel presentare contenuti di alta qualità contribuisce a eliminare ambiguità e incertezze nei modelli di IA.

La collaborazione tra umani e algoritmi è un aspetto spesso trascurato ma importante. Coinvolgere esperti umani nella creazione e revisione dei contenuti può migliorare notevolmente la qualità complessiva.

Gli umani possono apportare intuizioni, contestualizzare i dati in modo più accurato e affrontare sfumature che possono sfuggire agli algoritmi.

Altro fattore, è l'importanza di mantenere una pratica etica nella creazione di contenuti per l'IA. Evitare stereotipi, discriminazioni e garantire la privacy dei dati sono principi guida fondamentali. La responsabilità etica nella produzione di contenuti riflette non solo sull'integrità del *dataset* ma anche sull'impatto sociale delle applicazioni basate su IA.

La creazione di contenuti per l'IA è un processo intricato che richiede attenzione, precisione e considerazione etica. Seguire i suggerimenti pratici sopra menzionati non solo migliora la qualità dei dati, ma contribuisce anche a plasmare un futuro in cui l'IA è eticamente responsabile, precisa e in grado di affrontare le sfide del mondo reale con consapevolezza e intelligenza.La creazione di contenuti destinati all'Intelligenza Artificiale (IA) rappresenta un intricato processo che richiede l'applicazione di principi avanzati e la massima attenzione ai dettagli. In tale contesto, è fondamentale affrontare la sfida della produzione di dati di alta qualità, un elemento cruciale per il successo degli algoritmi di apprendimento automatico.

Un aspetto rilevante è la considerazione della rappresentatività del dataset. Per garantire che gli algoritmi di IA siano in grado di generalizzare correttamente, è necessario che i dati riflettano accuratamente la diversità del mondo reale. La selezione di casi d'uso, contesti e variazioni deve essere ampia e ben ponderata. L'inclusione di dati diversificati migliora la capacità dell'IA di adattarsi a una vasta gamma di scenari, garantendo una maggiore versatilità e precisione.

La chiarezza e la coerenza delle annotazioni sono un

altro elemento chiave nella creazione di contenuti per l'IA. L'annotazione di dati deve essere eseguita in modo preciso e uniforme, garantendo che le etichette siano applicate in modo coerente a tutte le istanze del *dataset*. Questo non solo facilita l'addestramento degli algoritmi ma contribuisce anche a eliminare ambiguità e interpretazioni errate.

La trasparenza nei dati è una pratica essenziale. Fornire informazioni dettagliate sul contesto di acquisizione dei dati, sulle fonti e su qualsiasi variabile rilevante è cruciale per garantire una corretta interpretazione degli algoritmi di IA. La documentazione accurata dei dati è fondamentale per comprendere la provenienza e la validità del *dataset*, contribuendo così a garantire risultati affidabili e applicazioni robuste.

La qualità visiva e testuale dei contenuti è altrettanto importante. Quando si creano immagini, è fondamentale che siano chiare, ben illuminate e rappresentative del soggetto. Per i dati testuali, la precisione nella scelta delle parole, la grammatica corretta e la coerenza stilistica sono elementi che contribuiscono all'affidabilità e all'utilità del *dataset*.

Un'attenzione particolare a questi dettagli è cruciale per evitare bias e migliorare la comprensione del contesto da parte degli algoritmi.

La collaborazione tra umani e algoritmi emerge come un aspetto chiave nella creazione di contenuti per l'IA.

Coinvolgere esperti umani nel processo di creazione e revisione dei dati può apportare valore aggiunto significativo.

Gli esseri umani possono apportare intuizioni, affrontare sfumature complesse che possono sfuggire agli algoritmi e contribuire a una comprensione più approfondita del contesto.

La combinazione di competenze umane e potenzialità degli algoritmi rappresenta una sinergia ideale per la creazione di dati di alta qualità.

Infine, la pratica etica nella creazione di contenuti per l'IA è di estrema importanza. Evitare stereotipi, discriminazioni e garantire la privacy dei dati sono princìpi fondamentali che devono guidare ogni fase del processo di creazione. Una responsabilità etica rigorosa non solo contribuisce all'integrità del *dataset* ma, in una prospettiva più ampia, incide positivamente sull'impatto sociale delle applicazioni basate su IA.

In conclusione, la creazione di contenuti per l'IA è un'attività articolata che richiede una considerazione approfondita di molteplici fattori. Seguire i suggerimenti pratici menzionati non solo migliora la qualità dei dati, ma contribuisce anche a forgiare un futuro in cui l'IA è eticamente responsabile, accurata e in grado di affrontare con successo le sfide complesse del mondo reale. Un approccio attento e consapevole alla creazione di contenuti per l'IA è essenziale per plasmare un panorama tecnologico avanzato e socialmente responsabile.

L'analisi delle tendenze nella domanda di contenuti per l'Intelligenza Artificiale (IA) rivela un panorama dinamico e in continua evoluzione, guidato da diversi fattori che plasmano la richiesta di dati di alta qualità per alimentare algoritmi avanzati. La crescente diffusione dell'IA in vari settori, dalla sanità all'automazione industriale, sta contribuendo a una domanda sempre più diversificata e specializzata di contenuti.

Un'area di grande rilevanza è rappresentata dalla necessità di dati annotati. Con l'avanzamento delle tecnologie di apprendimento automatico, la richiesta di *dataset* precisi e ben etichettati è in costante crescita. Settori come la visione artificiale e l'elaborazione del linguaggio naturale richiedono annotazioni dettagliate per addestrare modelli sempre più sofisticati. Questa tendenza riflette la crescente consapevolezza dell'importanza della qualità dei dati nell'ottenere risultati affidabili.

Un'altra tendenza emergente riguarda la produzione di dati sintetici. La creazione di contenuti artificiali per testare e potenziare l'IA sta guadagnando terreno. La capacità di generare dati simulati consente di espandere la varietà di scenari di addestramento, migliorando l'adattabilità degli algoritmi a situazioni complesse e inaspettate. Questa tendenza è particolarmente evidente in settori come la guida autonoma e la simulazione di ambienti virtuali.

La richiesta di contenuti etici e diversificati è un altro elemento chiave nelle attuali dinamiche di domanda.

Le preoccupazioni legate a stereotipi e discriminazioni negli algoritmi stanno spingendo verso la creazione di dataset più inclusivi e rappresentativi.

Ciò significa che la produzione di contenuti deve tener conto di una vasta gamma di prospettive culturali, sociali ed etiche, contribuendo a mitigare potenziali *bias* negli algoritmi.

Inoltre, la domanda di contenuti per l'IA è sempre più orientata alla personalizzazione. Settori come il marketing e l'esperienza utente richiedono dati che riflettano le preferenze individuali degli utenti, alimentando algoritmi che forniscono raccomandazioni e interazioni altamente personalizzate. Questa tendenza spinge verso la necessità di creare *dataset* che riflettano la complessità e l'unicità dei comportamenti umani.

La crescente consapevolezza dell'importanza della sicurezza dei dati sta influenzando anche la domanda di contenuti per l'IA. Settori critici come la *cybersecurity* richiedono dati che riflettano scenari realistici di minacce e vulnerabilità. La creazione di contenuti che simulano attacchi informatici e comportamenti dannosi è essenziale per addestrare algoritmi di difesa avanzati.

L'analisi delle tendenze nella domanda di contenuti per l'Intelligenza Artificiale (IA) rivela uno scenario ricco e in continua evoluzione, plasmato da una molteplicità di fattori che influenzano la crescente necessità di dati di alta qualità per alimentare algoritmi sempre più avanzati. Questo dinamismo è particolarmente evidente nell'ampia diffusione dell'IA in svariati settori, dalla sanità all'automazione industriale, che sta determinando una domanda sempre più diversificata e specializzata di contenuti.

Un aspetto di notevole rilevanza è la crescente esigenza di dati annotati. Con il progresso delle tecnologie di apprendimento automatico, si assiste a una costante crescita nella richiesta di *dataset* precisi e ben etichettati, soprattutto nei settori della visione artificiale e dell'elaborazione del linguaggio naturale. L'importanza di annotazioni dettagliate si rivela cruciale per l'addestramento di modelli sempre più sofisticati, riflettendo la consapevolezza crescente dell'industria sull'imprescindibile ruolo della qualità dei dati nel garantire risultati affidabili.

Un'altra tendenza che emerge con forza è la crescente adozione della produzione di dati sintetici. La creazione di contenuti artificiali finalizzati a testare e potenziare l'IA sta guadagnando terreno in vari contesti, ma in particolare nelle applicazioni legate alla guida autonoma e alla simulazione di ambienti virtuali. L'abilità di generare dati simulati consente di espandere la varietà di scenari di addestramento, migliorando notevolmente l'adattabilità degli algoritmi a situazioni complesse e inaspettate.

Un ulteriore elemento chiave riguarda la crescente domanda di contenuti etici e diversificati. Le crescenti preoccupazioni legate a stereotipi e discriminazioni negli algoritmi stanno spingendo verso la creazione di *dataset* più inclusivi e rappresentativi. In questo contesto, la produzione di contenuti deve tener conto di una vasta gamma di prospettive culturali, sociali ed etiche, giocando un ruolo fondamentale nel mitigare potenziali bias che potrebbero influenzare negativamente gli algoritmi.

Inoltre, la domanda di contenuti per l'IA è sempre più orientata alla personalizzazione, soprattutto nei settori del marketing e dell'esperienza utente. La richiesta di dati che riflettano le preferenze individuali degli utenti alimenta algoritmi in grado di fornire raccomandazioni e interazioni altamente personalizzate. Questa tendenza sottolinea l'importanza di creare *dataset* che riflettano la complessità e l'unicità dei comportamenti umani, fornendo così una base solida per algoritmi di IA più adattabili e sensibili alle esigenze degli utenti.

La crescente consapevolezza dell'importanza della sicurezza dei dati è un ulteriore driver nella domanda di contenuti per l'IA, soprattutto in settori critici come la *cybersecurity*. La necessità di dati che riflettano scenari realistici di minacce e vulnerabilità è essenziale per addestrare algoritmi di difesa avanzati, contribuendo così a rafforzare le infrastrutture digitali e a mitigare i rischi legati alle minacce informatiche.

Infine, la collaborazione sempre più stretta tra l'industria e la comunità accademica emerge come un fattore chiave che influenza la domanda di contenuti per l'IA. Progetti di ricerca e sviluppo richiedono l'accesso a dataset diversificati e complessi per avanzare nelle frontiere dell'IA. La condivisione di dati tra entità pubbliche e private sta diventando sempre più comune, creando un ambiente collaborativo che favorisce l'innovazione e il progresso nella scienza dei dati.

In conclusione, l'analisi approfondita delle tendenze nella domanda di contenuti per l'IA evidenzia la complessità e la diversità di questo campo in costante evoluzione. La diversificazione delle esigenze, la crescente attenzione all'etica, la personalizzazione degli algoritmi, la sicurezza dei dati e la collaborazione tra settori rappresentano tutti aspetti cruciali che delineano un panorama articolato e stimolante. Affrontare queste dinamiche richiede un approccio flessibile e innovativo per soddisfare le mutevoli esigenze della sempre crescente sfera dell'Intelligenza Artificiale.

La creazione di contenuti per l'Intelligenza Artificiale (IA) non solo rappresenta una sfida tecnologica, ma anche un'opportunità di business che richiede una strategia di marketing solida e mirata. Promuovere i servizi di creazione di contenuti per l'IA implica una comprensione approfondita del mercato e delle esigenze degli attori coinvolti. In questo contesto, le strategie di marketing svolgono un ruolo cruciale nel posizionare l'offerta, raggiungere il pubblico target e dimostrare il valore aggiunto dei servizi proposti.

Il primo passo fondamentale è definire una chiara proposta di valore. Comprendere appieno cosa rende unici i servizi di creazione di contenuti per l'IA è essenziale per differenziarsi sul mercato. Questa proposta dovrebbe evidenziare non solo la competenza tecnica nella generazione di dati di alta qualità, ma anche la capacità di adattarsi alle esigenze specifiche dei clienti, offrendo soluzioni personalizzate e innovative.La costruzione di una forte presenza online è un aspetto centrale nella strategia di marketing.

Un sito web ben progettato e intuitivo deve essere il punto focale di tutte le attività digitali. La presenza sui social media è altrettanto importante; l'utilizzo di piattaforme come LinkedIn, Twitter e, se appropriato, Instagram, consente di raggiungere un pubblico più ampio e di interagire con la community di professionisti del settore.

La produzione di contenuti di qualità è un elemento cruciale per dimostrare l'esperienza e l'autorità nell'ambito della creazione di contenuti per l'IA.

Blog post informativi, *white paper*, *e-book* e video tutorial sono strumenti efficaci per condividere conoscenze e posizionarsi come leader di pensiero nel settore. Questi contenuti dovrebbero evidenziare non solo la competenza tecnica, ma anche la capacità di affrontare le sfide specifiche dei clienti.

La partecipazione a conferenze e eventi del settore è un altro modo per costruire visibilità e credibilità. La presenza fisica in occasioni di networking offre l'opportunità di stabilire connessioni personali con potenziali clienti, collaboratori e altri attori chiave del settore. Inoltre, la partecipazione come speaker o espositore può aumentare ulteriormente la visibilità e rafforzare la reputazione aziendale.

La collaborazione con partner strategici è una tattica che può portare benefici significativi. Lavorare con aziende complementari nel campo dell'IA o all'interno di settori correlati può ampliare la portata del *marketing* e fornire accesso a nuovi segmenti di clientela. Inoltre, la co-creazione di contenuti o progetti collaborativi può essere un modo efficace per dimostrare le capacità e la versatilità dei servizi offerti.

La raccolta di testimonianze e case study da parte dei clienti soddisfatti è un elemento chiave per costruire fiducia. Le storie di successo offrono prove tangibili delle competenze e dei risultati ottenuti, fornendo un incentivo convincente per potenziali clienti. La trasparenza riguardo ai risultati conseguiti e la dimostrazione di un'impeccabile soddisfazione del cliente possono essere il trampolino di lancio per nuove opportunità di business.

Le strategie di marketing per promuovere i servizi di creazione di contenuti per l'IA sono un mix complesso di comunicazione digitale, produzione di contenuti informativi, *networking*, collaborazioni strategiche e testimonianze di successo. La chiave del successo risiede nella costruzione di una presenza forte e autorevole nel settore, offrendo soluzioni personalizzate e dimostrando il valore tangibile che i servizi di creazione di contenuti per l'IA possono portare ai clienti.La creazione di contenuti per l'Intelligenza Artificiale (IA) non costituisce solo una sfida tecnologica, ma si configura anche come un'opportunità di business che richiede una strategia di marketing solida e mirata. Il processo di promozione dei servizi di creazione di contenuti per l'IA implica una comprensione approfondita del mercato e delle esigenze degli attori coinvolti. In questo contesto, le strategie di *marketing* rivestono un ruolo cruciale nel posizionare l'offerta, raggiungere il pubblico target e dimostrare il valore aggiunto dei servizi proposti.

Il primo passo fondamentale in questo percorso è la definizione di una chiara proposta di valore. Comprendere appieno ciò che rende unici i servizi di creazione di contenuti per l'IA è essenziale per differenziarsi sul mercato. Questa proposta dovrebbe mettere in luce non solo la competenza tecnica nella generazione di dati di alta qualità, ma anche la capacità di adattarsi alle esigenze specifiche dei clienti, offrendo soluzioni personalizzate e innovative.

La costruzione di una forte presenza online costituisce un elemento centrale nella strategia di marketing. Un sito web ben progettato e intuitivo deve fungere da punto focale per tutte le attività digitali. La presenza sui social media è altrettanto fondamentale; l'utilizzo di piattaforme come LinkedIn, Twitter e, se appropriato, Instagram, consente di raggiungere un pubblico più ampio e di interagire con la community di professionisti del settore.

La produzione di contenuti di alta qualità rappresenta un elemento cruciale per dimostrare l'esperienza e l'autorità nell'ambito della creazione di contenuti per l'IA. Blog post informativi, *white paper*, *e-book* e video tutorial sono strumenti efficaci per condividere conoscenze e posizionarsi come leader di pensiero nel settore. Questi contenuti dovrebbero evidenziare non solo la competenza tecnica, ma anche la capacità di affrontare le sfide specifiche dei clienti.

La partecipazione a conferenze e eventi del settore costituisce un altro modo per costruire visibilità e credibilità. La presenza fisica in occasioni di networking offre l'opportunità di stabilire connessioni personali con potenziali clienti, collaboratori e altri attori chiave del settore. Inoltre, la partecipazione come speaker o espositore può aumentare ulteriormente la visibilità e rafforzare la reputazione aziendale.

La collaborazione con partner strategici è una tattica

che può portare benefici significativi. Lavorare con aziende complementari nel campo dell'IA o all'interno di settori correlati può ampliare la portata del *marketing* e fornire accesso a nuovi segmenti di clientela. Inoltre, la co-creazione di contenuti o progetti collaborativi può essere un modo efficace per dimostrare le capacità e la versatilità dei servizi offerti.

La raccolta di testimonianze e case *study* da parte dei clienti soddisfatti è un elemento chiave per costruire fiducia.

Le storie di successo offrono prove tangibili delle competenze e dei risultati ottenuti, fornendo un incentivo convincente per potenziali clienti.

La trasparenza riguardo ai risultati conseguiti e la dimostrazione di un'impeccabile soddisfazione del cliente possono essere il trampolino di lancio per nuove opportunità di business.

In conclusione, le strategie di marketing per promuovere i servizi di creazione di contenuti per l'IA sono un mix complesso di comunicazione digitale, produzione di contenuti informativi, *networking*, collaborazioni strategiche e testimonianze di successo. La chiave del successo risiede nella costruzione di una presenza forte e autorevole nel settore, offrendo soluzioni personalizzate e dimostrando il valore tangibile che i servizi di creazione di contenuti per l'IA possono portare ai clienti.

*Discussione su come mantenere la
creatività e l'originalità nei progetti di
creazione di contenuti per l'IA*

La creazione di contenuti per l'Intelligenza Artificiale (IA) è un campo in continua espansione, alimentato dalla crescente richiesta di dati di alta qualità per addestrare algoritmi sempre più avanzati. Tuttavia, una delle sfide più rilevanti in questo contesto è mantenere la creatività e l'originalità nei progetti di creazione di contenuti per l'IA. In un mondo in cui l'automazione e l'apprendimento automatico stanno diventando sempre più prominenti, preservare l'elemento umano e creativo è cruciale per garantire risultati significativi e innovativi.

Una delle questioni principali riguarda la percezione che l'IA sia solo un insieme di algoritmi basati su dati esistenti.

In realtà, la creatività umana è fondamentale nel plasmare la direzione e il contesto di questi algoritmi.

Per mantenere la creatività nei progetti di creazione di contenuti per l'IA, è essenziale considerare l'IA come uno strumento collaborativo, un facilitatore per l'espressione creativa piuttosto che un sostituto.

Un aspetto cruciale è la fase di progettazione del processo creativo. Definire chiaramente gli obiettivi creativi, i parametri e le direttive è essenziale per guidare l'IA nella giusta direzione. Gli esseri umani devono stabilire i vincoli e le linee guida etiche, mentre l'IA può contribuire con il suo potenziale di analisi e elaborazione dati. In questo modo, si crea un ambiente in cui la creatività umana si combina con la potenza computazionale dell'IA, generando risultati unici.

Un altro elemento chiave è l'importanza di mantenere un approccio interdisciplinare. Coinvolgere professionisti creativi provenienti da diverse discipline, come artisti, scrittori, designer, insieme agli esperti in IA, favorisce un flusso di idee più diversificato. Questa sinergia tra creatività umana e intelligenza artificiale può portare a soluzioni più originali e adatte alle esigenze del progetto.

La diversità nell'input umano è fondamentale per garantire originalità nei contenuti creati. Introdurre punti di vista differenti, esperienze culturali e prospettive uniche contribuisce a sfidare gli algoritmi a pensare al di là dei dati su cui sono stati addestrati. Questa diversità può essere incorporata attraverso la selezione attenta del team coinvolto nel progetto, garantendo una rappresentanza ampia e inclusiva.

La flessibilità è un elemento distintivo nella preservazione della creatività nei progetti di creazione di contenuti per l'IA.

Poiché gli algoritmi possono apprendere e adattarsi, è cruciale consentire aggiustamenti e modifiche nel processo creativo. La capacità di integrare nuove idee, rispondere ai *feedback* e affrontare le sfide in modo dinamico contribuisce a mantenere un flusso creativo continuo.

L'IA stessa può essere utilizzata come strumento per stimolare la creatività umana. Esplorare le potenzialità dell'IA nel generare idee, suggerire approcci innovativi o addirittura co-creare con gli esseri umani apre nuove possibilità. Tuttavia, è essenziale che l'IA sia vista come un complemento alla creatività umana, un mezzo per amplificare e arricchire, piuttosto che sostituire.

Mantenere la creatività e l'originalità nei progetti di creazione di contenuti per l'IA richiede una prospettiva bilanciata. L'IA può essere un partner potente, ma è la creatività umana che guida il processo e conferisce un tocco unico ai risultati finali. La sfida consiste nel trovare l'equilibrio giusto, dove la tecnologia e la creatività convergono per creare un futuro innovativo e sostenibile.

Nell'ambito della creazione di contenuti per l'Intelligenza Artificiale (IA), il mantenimento della creatività e dell'originalità assume un ruolo centrale, in quanto il progresso tecnologico si fonde con l'espressione umana per generare soluzioni innovative e coinvolgenti. La sfida di armonizzare l'IA con la creatività umana è una questione complessa, che richiede un approccio olistico e una profonda comprensione delle dinamiche coinvolte.

La fase iniziale di qualsiasi progetto di creazione di contenuti per l'IA richiede una chiara definizione degli obiettivi creativi.

Questo passo è fondamentale per guidare l'IA nella giusta direzione e stabilire parametri che rispecchino la visione umana. Sebbene l'IA sia capace di analizzare enormi quantità di dati e apprendere modelli, è l'essere umano che deve fornire la cornice concettuale, le linee guida etiche e l'intento creativo.

Un punto di partenza strategico è considerare l'IA come uno strumento collaborativo, una risorsa per arricchire l'elaborazione creativa piuttosto che una sostituzione per essa. Questa prospettiva implica che gli esseri umani devono guidare il processo creativo, ponendo domande stimolanti e definendo il contesto emotivo e culturale in cui l'IA opera. L'IA, d'altra parte, può offrire analisi approfondite dei dati, modelli predittivi e suggerimenti innovativi.

L'interdisciplinarietà è un aspetto cruciale per preservare la creatività nei progetti di creazione di contenuti per l'IA. Coinvolgere professionisti provenienti da diverse discipline, tra cui artisti, scrittori, designer, insieme agli esperti in IA, crea un ambiente in cui la creatività umana si intreccia con la potenza computazionale dell'IA. Questa sinergia può portare a soluzioni più originali e adatte alle esigenze specifiche del progetto.

La diversità nell'input umano è altrettanto rilevante. L'IA, essendo basata su dati, può rispecchiare e perpetuare i *bias* presenti nei dati di addestramento. Introdurre punti di vista diversificati e esperienze culturali all'interno del team di progetto è fondamentale per sfidare gli algoritmi a pensare in modo più ampio e inclusivo. La selezione attenta del team è pertanto una tattica strategica per garantire una rappresentanza ampia.

Flessibilità e adattabilità sono virtù necessarie nei progetti di creazione di contenuti per l'IA. Gli algoritmi possono apprendere e adattarsi, ma è altrettanto importante consentire un flusso creativo dinamico e continuo. L'abilità di integrare nuove idee, rispondere prontamente ai feedback e affrontare le sfide in modo flessibile consente di evitare la rigidità nell'approccio creativo.

Un aspetto interessante della sinergia tra creatività umana e IA è l'utilizzo dell'IA stessa come strumento per stimolare la creatività. Esplorare le capacità dell'IA nel generare idee, suggerire approcci innovativi o addirittura co-creare con gli esseri umani apre nuove frontiere. Tuttavia, è cruciale mantenere la visione dell'IA come un complemento alla creatività umana, un alleato che può amplificare e arricchire, piuttosto che sostituire.

In conclusione, il dialogo tra creatività umana e IA rappresenta una frontiera affascinante e complessa. La sfida sta nel trovare l'armonia tra tecnologia e creatività, sfruttando il meglio di entrambi i mondi per generare contenuti che siano innovativi, rilevanti e autenticamente umani. La strada verso il futuro richiede una riflessione continua su come preservare e potenziare la creatività nell'era dell'IA.

L'esplorazione delle piattaforme emergenti per la vendita di contenuti generati dall'Intelligenza Artificiale (IA) rappresenta una fase critica in un panorama digitale in continua evoluzione. Mentre l'IA diventa sempre più sofisticata nella produzione di testi, immagini e altri tipi di contenuti, emergono nuovi modelli di business e piattaforme che cercano di capitalizzare su questa tendenza, offrendo un mercato per l'acquisto e la vendita di contenuti generati dall'IA.

Una delle piattaforme più interessanti in questo contesto è rappresentata dai mercati online specializzati nella vendita di contenuti AI-*driven*. Questi mercati fungono da intermediari tra gli sviluppatori di algoritmi IA e coloro che necessitano di contenuti generati in modo automatico. Gli acquirenti, che possono essere aziende o singoli utenti, possono scegliere tra una varietà di opzioni di contenuti prodotti dall'IA, dai testi generati automaticamente alle immagini create da algoritmi di generazione grafica.

Alcune piattaforme offrono anche servizi di personalizzazione, consentendo agli acquirenti di specificare determinati requisiti o parametri per i contenuti desiderati. Questo approccio ibrido, che combina la potenza dell'IA con la flessibilità delle richieste umane, mira a soddisfare le esigenze di un mercato sempre più diversificato e esigente.

Oltre ai mercati specializzati, si assiste alla nascita di piattaforme integrate che incorporano strumenti di creazione di contenuti AI-driven direttamente all'interno delle loro infrastrutture.

Queste piattaforme forniscono agli utenti la possibilità di creare autonomamente contenuti generati dall'IA, personalizzandoli in base alle proprie esigenze specifiche.

Ad esempio, strumenti di scrittura automatica possono essere integrati in piattaforme di blogging o di creazione di contenuti digitali, offrendo agli utenti la capacità di generare testi in modo efficiente e contestualmente rilevante.

Parallelamente, emergono piattaforme che si concentrano sulla vendita di esperienze di realtà virtuale (VR) e aumentata (AR) generate dall'IA. Queste piattaforme rappresentano un settore in crescita, poiché la richiesta di contenuti immersivi continua a crescere. Gli sviluppatori di IA lavorano per creare scenari e ambienti virtuali che possono essere utilizzati in settori come l'addestramento, l'intrattenimento e persino il turismo virtuale.

È interessante notare che, insieme a queste piattaforme commerciali, si stanno sviluppando anche mercati decentralizzati basati su tecnologie blockchain. Questi mercati offrono una maggiore sicurezza e trasparenza nelle transazioni, consentendo agli artisti e agli sviluppatori di essere compensati in modo più equo per i loro contributi all'ecosistema di contenuti generati dall'IA.

La sfida principale in questo panorama è bilanciare l'accessibilità ai contenuti generati dall'IA con la qualità e la rilevanza. Mentre la tecnologia progredisce nella creazione di contenuti sempre più sofisticati, è essenziale garantire che i contenuti rispondano alle esigenze e alle aspettative degli utenti finali.

Inoltre, la gestione della proprietà intellettuale e delle questioni etiche legate all'uso dell'IA nella creazione di contenuti rimane una considerazione critica per tutte le piattaforme emergenti.

L'esplorazione delle piattaforme emergenti per la vendita di contenuti generati dall'IA offre un quadro complesso e dinamico.

Mentre le opportunità di business crescono, è fondamentale che le piattaforme affrontino le sfide legate alla qualità, all'etica e alla sicurezza per garantire una crescita sostenibile e un impatto positivo nell'ecosistema digitale.

L'esplorazione delle piattaforme emergenti per la vendita di contenuti generati dall'Intelligenza Artificiale (IA) offre uno sguardo approfondito su un settore in continua evoluzione all'interno del panorama digitale. In un'epoca in cui l'IA diventa sempre più avanzata nella produzione di testi, immagini e altri tipi di contenuti, nuovi modelli di business e piattaforme emergono, creando un mercato dedicato all'acquisto e alla vendita di contenuti generati dall'IA.

Un aspetto rilevante in questo contesto è rappresentato dai mercati online specializzati nella vendita di contenuti alimentati dall'IA. Questi mercati fungono da intermediari tra gli sviluppatori di algoritmi IA e coloro che cercano contenuti generati in modo automatico. Le opzioni offerte a acquirenti, che possono essere sia aziende che singoli utenti, spaziano dalla scelta di testi generati automaticamente all'acquisto di immagini create da algoritmi di generazione grafica.

Alcune piattaforme vanno oltre, offrendo servizi di personalizzazione. Consentono agli acquirenti di specificare requisiti o parametri specifici per i contenuti desiderati. Questo approccio ibrido, combinando la potenza dell'IA con la flessibilità delle richieste umane, mira a soddisfare le esigenze di un mercato sempre più diversificato ed esigente.

Parallelamente, emergono piattaforme integrate che incorporano direttamente strumenti di creazione di contenuti alimentati dall'IA all'interno delle loro infrastrutture.

Queste offrono agli utenti la possibilità di generare autonomamente contenuti, personalizzandoli in base alle proprie esigenze specifiche. Ad esempio, strumenti di scrittura automatica possono integrarsi in piattaforme di blogging o di creazione di contenuti digitali, permettendo agli utenti di generare testi in modo efficiente e contestualmente rilevante.

Settori in rapida crescita comprendono piattaforme incentrate sulla vendita di esperienze di realtà virtuale (VR) e aumentata (AR) generate dall'IA. Queste piattaforme stanno guadagnando popolarità grazie alla crescente richiesta di contenuti immersivi. Gli sviluppatori di IA lavorano per creare scenari e ambienti virtuali utilizzabili in settori come l'addestramento, l'intrattenimento e il turismo virtuale.

Va notato che, accanto a queste piattaforme commerciali, stanno emergendo anche mercati decentralizzati basati su tecnologie blockchain. Questi mercati puntano a offrire maggiore sicurezza e trasparenza nelle transazioni, garantendo una compensazione più equa agli artisti e agli sviluppatori per i loro contributi all'ecosistema di contenuti generati dall'IA.

La sfida principale in questo panorama è bilanciare l'accessibilità ai contenuti generati dall'IA con la qualità e la rilevanza.

Con l'avanzare della tecnologia, è essenziale garantire che i contenuti rispondano alle esigenze e alle aspettative degli utenti finali.

Inoltre, la gestione della proprietà intellettuale e delle questioni etiche legate all'uso dell'IA nella creazione di contenuti rimane una considerazione critica per tutte le piattaforme emergenti.

In conclusione, l'esplorazione delle piattaforme emergenti per la vendita di contenuti generati dall'IA offre un quadro complesso e dinamico. Mentre le opportunità di business crescono, è fondamentale che le piattaforme affrontino le sfide legate alla qualità, all'etica e alla sicurezza per garantire una crescita sostenibile e un impatto positivo nell'ecosistema digitale.

FREELANCING NEL SETTORE DELL'IA

Discussione su come diventare un freelance
specializzato in progetti legati all'IA

Il *freelancing* nel settore dell'Intelligenza Artificiale (IA) rappresenta una via dinamica e promettente per coloro che desiderano lavorare in modo indipendente, mettendo a frutto le proprie competenze in progetti legati a questa tecnologia avanzata. Diventare un freelance specializzato in progetti legati all'IA richiede una combinazione di competenze tecniche, abilità di comunicazione e una strategia efficace per gestire la propria attività.

Prima di intraprendere la strada del *freelancing* nell'IA, è essenziale acquisire una solida base di conoscenze nel campo. L'IA è un campo vasto e in rapida evoluzione che abbraccia diverse aree come il *machine learning*, la visione artificiale, il trattamento del linguaggio naturale e altro ancora. Investire tempo nello sviluppo di competenze specializzate in una o più di queste aree fornirà una base solida per offrire servizi di qualità ai potenziali clienti.

La creazione di un portfolio che metta in luce i progetti passati e le competenze acquisite è fondamentale per attirare l'attenzione dei clienti. Include progetti significativi che dimostrano la tua competenza nell'implementare soluzioni basate sull'IA. Descrivi le sfide affrontate, le soluzioni proposte e i risultati ottenuti. Un portfolio completo e ben presentato è uno strumento chiave per convincere i potenziali clienti della tua capacità di fornire risultati di alta qualità.

La rete professionale è un altro elemento cruciale per il successo nel *freelancing* nell'IA. Partecipare a comunità online, forum di settore ed eventi dedicati all'IA ti metterà in contatto con altri professionisti del settore e potenziali clienti. La collaborazione e la condivisione di conoscenze con altri freelance possono aprire porte a nuove opportunità di progetto e fornire un supporto prezioso.

La trasparenza nella comunicazione è essenziale quando si lavora come freelance nell'IA. Chiariamo che il lavoro nell'IA può essere complesso e che la comprensione precisa delle esigenze del cliente è fondamentale. Stabilire aspettative realistiche riguardo ai tempi di consegna e ai risultati attesi è fondamentale per garantire una relazione di lavoro positiva e duratura.

La formazione continua è una pratica essenziale per rimanere al passo con gli sviluppi nel campo dell'IA. Questa tecnologia evolve rapidamente, e i freelance devono essere pronti ad adattarsi a nuovi strumenti, algoritmi e metodologie.

Investire tempo nella formazione continua non solo migliorerà le tue competenze, ma dimostrerà anche ai clienti il tuo impegno a offrire soluzioni all'avanguardia.

Infine, la gestione efficace dell'attività è cruciale per il successo a lungo termine. Ciò include l'adeguata pianificazione del lavoro, la gestione delle scadenze, la definizione di tariffe competitive e la cura della propria reputazione online. La costruzione di una solida presenza digitale e l'ottenimento di recensioni positive dai clienti passati contribuiranno a costruire una reputazione di affidabilità e competenza nel settore.

Diventare un freelance specializzato in progetti legati all'IA richiede una combinazione di competenze tecniche, un portfolio accattivante, una forte rete professionale, una comunicazione trasparente, formazione continua e una gestione oculata dell'attività. Affrontare questa sfida con dedizione e impegno può aprire porte a una carriera gratificante nel mondo in continua crescita dell'Intelligenza Artificiale.

Essere un freelance specializzato in progetti legati all'Intelligenza Artificiale (IA) è un'impresa entusiasmante e stimolante che richiede una combinazione di competenze tecniche avanzate, un approccio imprenditoriale, e la capacità di adattarsi a un campo in costante evoluzione. Approfondiamo ulteriormente le sfide, le opportunità e le pratiche consigliate per coloro che intendono perseguire questa carriera indipendente nell'ambito dell'IA.

L'IA è un campo multidisciplinare che abbraccia settori come il *machine learning*, la visione artificiale, il trattamento del linguaggio naturale e altro ancora. Investire tempo ed energie nello sviluppo di competenze specifiche in una o più di queste aree è fondamentale. Ciò può comportare la partecipazione a corsi online, l'ottenimento di certificazioni riconosciute, o persino la collaborazione in progetti open source per applicare le conoscenze teoriche nella pratica.

La creazione di un portfolio solido è un passo chiave per presentare le tue competenze ai potenziali clienti. Il portfolio dovrebbe essere curato con attenzione, evidenziando progetti significativi e descrivendo come le tue competenze hanno contribuito al successo di ciascun progetto. Include dettagli sulle tecnologie utilizzate, i problemi risolti e gli impatti ottenuti. Un portfolio robusto è una vetrina efficace delle tue capacità e può distinguerti dalla concorrenza.

La costruzione di una rete professionale è altrettanto cruciale. Partecipare a comunità online, forum di settore e eventi dedicati all'IA ti metterà in contatto con altri freelance, potenziali clienti e esperti del settore. Collaborare con colleghi in progetti collaborativi o contribuire a discussioni tecniche può non solo ampliare le tue conoscenze ma anche aprirti a nuove opportunità di lavoro.

La trasparenza nella comunicazione è fondamentale quando si lavora come freelance nell'IA. Dato il carattere complesso e tecnico di molte attività legate all'IA, è essenziale instaurare una comunicazione chiara con i clienti. Ciò include una definizione accurata delle esigenze del cliente, la spiegazione di processi tecnici in modo comprensibile e la gestione delle aspettative riguardo ai tempi di consegna e ai risultati attesi.

La formazione continua è un pilastro per rimanere competitivi in un campo in costante evoluzione. L'IA è una disciplina che si evolve rapidamente, con nuovi algoritmi, *framework* e strumenti che emergono regolarmente. Mantenersi aggiornati su queste novità e investire nella formazione continua è essenziale per offrire soluzioni all'avanguardia ai clienti.

L'efficace gestione dell'attività è altrettanto importante quanto le competenze tecniche. Ciò include la definizione di tariffe competitive, la pianificazione attenta del lavoro, la gestione delle scadenze e la cura della propria reputazione online. La costruzione di una presenza digitale solida attraverso il proprio sito web, profili professionali e partecipazione a piattaforme di freelance può contribuire a creare una reputazione di affidabilità e competenza.

La diversificazione delle competenze può essere una strategia vincente. Mentre acquisire competenze specializzate è fondamentale, la capacità di applicare le conoscenze in settori diversi può ampliare la portata delle opportunità. Ad esempio, se sei esperto in visione artificiale, puoi esplorare progetti in settori come la sicurezza, la salute o l'automazione industriale.

Infine, la gestione delle relazioni con i clienti è un aspetto cruciale del successo come *freelance* nell'IA. Essere in grado di comprendere le esigenze del cliente, ascoltarne i *feedback* e adattarsi alle richieste in corso d'opera può portare a relazioni a lungo termine e referenze positive, elementi chiave nel mondo del *freelancing*.

In conclusione, il *freelancing* nel settore dell'IA richiede un approccio strategico e multiforme per attirare progetti di qualità. Dalla costruzione di una presenza online solida alla partecipazione attiva a eventi di settore, dalla formazione continua alla gestione trasparente dei progetti, ogni aspetto contribuisce a creare un profilo professionale che può distinguersi nella folla competitiva del freelancing nell'IA. L'implementazione di queste strategie non solo aumenta la visibilità e l'attrattiva per i clienti, ma può anche consolidare una carriera indipendente di successo nel dinamico e in continua evoluzione settore dell'Intelligenza Artificiale.

Entrare nel mondo del *freelancing* nel settore dell'Intelligenza Artificiale (IA) può essere un'opportunità affascinante e redditizia, ma è essenziale adottare strategie di marketing personale mirate per attrarre progetti di qualità. In un panorama competitivo, distinguersi è fondamentale per catturare l'attenzione dei potenziali clienti e garantire prospettive di carriera sostenibili.

Innanzitutto, è cruciale sviluppare una presenza online forte e professionale. Creare un portfolio digitale che evidenzi le competenze specifiche nell'IA, inclusi progetti passati, collaborazioni e risultati ottenuti, è fondamentale. Un sito web ben progettato e facilmente navigabile può fungere da vetrina per dimostrare le capacità e la credibilità del *freelancer* nel settore.

Parallelamente, sfruttare le piattaforme di *freelancing* specializzate in progetti legati all'IA è un passo essenziale. Iscriversi su piattaforme come *Upwork*, *Freelancer* o *Toptal* consente di accedere a una vasta rete di clienti potenziali alla ricerca di esperti nell'IA. Ottimizzare il profilo su queste piattaforme, evidenziando le competenze distintive e le esperienze passate, può aumentare significativamente la visibilità.

La costruzione di una reputazione solida è altrettanto importante. Ottenere recensioni positive dai clienti precedenti può essere un elemento chiave per costruire fiducia tra i potenziali datori di lavoro. La trasparenza riguardo alle competenze e alle esperienze, insieme a un approccio professionale nella gestione delle comunicazioni, contribuisce a consolidare una reputazione positiva nel settore.

Le reti professionali sono fondamentali per il successo nel *freelancing* nell'IA.

Partecipare a conferenze del settore, *webinar* e gruppi di

discussione online offre l'opportunità di connettersi con altri professionisti e potenziali clienti.

La condivisione di conoscenze attraverso blog, social media e partecipazione attiva alle conversazioni online può contribuire a posizionarsi come esperto di riferimento nel campo.

La formazione continua è un elemento chiave per rimanere al passo con gli sviluppi nell'IA. Essendo un settore in costante evoluzione, investire tempo nella formazione e nell'acquisizione di nuove competenze è essenziale per offrire servizi all'avanguardia e rimanere competitivi sul mercato.

Infine, la chiarezza nella comunicazione dei servizi offerti è cruciale. Descrivere in modo inequivocabile le competenze, le tecnologie utilizzate e l'approccio metodologico nei profili online e nelle proposte di lavoro consente ai clienti di comprendere appieno il valore aggiunto che il *freelancer* può portare al progetto.

In conclusione, il successo nel *freelancing* nell'IA richiede un approccio strategico e un impegno costante nel costruire e mantenere una presenza professionale online, sviluppando una reputazione solida, partecipando attivamente alle reti professionali e rimanendo sempre aggiornati sulle ultime tendenze del settore.

Il *freelancing* nel settore dell'Intelligenza Artificiale (IA) è un'opportunità che richiede non solo competenze tecniche avanzate, ma anche una gestione del tempo e delle risorse impeccabile. La natura del lavoro freelance impone una maggiore responsabilità sull'individuo, che deve bilanciare la gestione dei progetti, la ricerca di nuovi clienti e lo sviluppo continuo delle proprie competenze.

La pianificazione è la chiave per una gestione efficace del tempo. Creare un piano dettagliato delle attività giornaliere, settimanali e mensili può aiutare a mantenere la chiarezza sulle priorità e a evitare il disordine. Identificare le scadenze critiche e stabilire obiettivi realistici è fondamentale per evitare situazioni di stress e garantire la qualità del lavoro svolto.

Il concetto di "*time blocking*" può essere particolarmente utile per i freelance nell'IA. Questo metodo prevede la suddivisione della giornata in blocchi di tempo dedicati a specifiche attività.

Ad esempio, riservare la mattina per lo sviluppo di progetti e il pomeriggio per la ricerca di nuovi clienti. Questo approccio strutturato aiuta a mantenere un flusso di lavoro costante e a massimizzare l'efficienza.

Inoltre, la gestione delle risorse finanziarie è cruciale per il successo del freelance nell'IA. Stabilire tariffe competitive e garantire una sana relazione tra entrate e spese è essenziale per mantenere una base finanziaria solida. Tenere traccia delle entrate e delle spese attraverso strumenti di contabilità può fornire una panoramica chiara della situazione finanziaria e consentire una pianificazione a lungo termine.

L'automatizzazione di alcune attività può essere una risorsa preziosa per i freelance. L'utilizzo di strumenti di automazione per attività ripetitive, come la fatturazione e la gestione delle email, libera tempo prezioso che può essere reinvestito nello sviluppo delle competenze o nell'acquisizione di nuovi progetti.

La gestione del tempo non riguarda solo la quantità di ore dedicate al lavoro, ma anche la qualità del tempo trascorso. Mantenere un equilibrio tra il lavoro e il riposo è essenziale per evitare il *burnout*. Prevedere pause regolari durante la giornata e concedersi periodi di relax contribuisce a mantenere un livello elevato di energia e concentrazione.

La comunicazione efficace con i clienti è un altro aspetto critico della gestione del tempo. Stabilire aspettative chiare fin dall'inizio, comunicare regolarmente lo stato di avanzamento e gestire tempestivamente eventuali problemi o cambiamenti è fondamentale per mantenere rapporti professionali solidi e evitare ritardi imprevisti.

La formazione continua è una componente importante della gestione del tempo per i freelance nell'IA. Rimandare l'aggiornamento delle competenze può portare a una perdita di competitività nel campo in continua evoluzione dell'IA. Investire tempo in corsi, *workshop* e nuove tecnologie contribuisce a rimanere all'avanguardia e ad ampliare le opportunità professionali.

In sintesi, la gestione efficace del tempo e delle risorse è una sfida chiave per i freelance nel settore dell'IA. Attraverso la pianificazione strategica, l'automatizzazione delle attività, la gestione finanziaria oculata e la cura del proprio benessere, i freelance possono non solo ottimizzare il loro tempo, ma anche creare le condizioni per una carriera indipendente di successo nel campo dell'Intelligenza Artificiale.

Nel contesto del freelancing nell'ambito dell'Intelligenza Artificiale (IA), la gestione efficace del tempo e delle risorse rappresenta un elemento critico per il successo a lungo termine di un professionista indipendente. Affrontare le sfide di una carriera freelance nell'IA richiede una combinazione di competenze organizzative, strategie di lavoro efficienti e una consapevolezza costante delle proprie priorità.

Una delle prime considerazioni nella gestione del tempo è la definizione di obiettivi chiari e misurabili. L'IA è un campo in continua evoluzione, e i freelance devono essere in grado di adattarsi rapidamente alle nuove tendenze e tecnologie. Stabilire obiettivi a breve e lungo termine aiuta a focalizzare gli sforzi, consentendo di concentrarsi su progetti rilevanti e di valore.

L'uso di strumenti di gestione del progetto può essere cruciale per mantenere l'ordine e la chiarezza nelle attività quotidiane. Applicazioni come Trello, Asana o Jira possono aiutare a tracciare le attività, pianificare gli impegni e collaborare con i clienti in modo efficiente. Questi strumenti facilitano anche la suddivisione dei progetti complessi in compiti più gestibili, rendendo il flusso di lavoro più fluido.

Un aspetto spesso trascurato della gestione del tempo è la definizione di limiti chiari tra il lavoro e la vita personale. Poiché il freelance spesso opera da casa o in ambienti non tradizionali, stabilire confini tra l'ambiente lavorativo e quello domestico è essenziale per evitare il rischio di bruciarsi eccessivamente e preservare il benessere a lungo termine.

Inoltre, è fondamentale riconoscere e sfruttare i momenti di maggiore produttività. Ogni individuo ha fasi della giornata in cui è più efficiente e concentrato. Identificare questi periodi e assegnare attività più impegnative a questi momenti può migliorare notevolmente la qualità del lavoro svolto, massimizzando l'efficienza complessiva.

La diversificazione delle fonti di reddito è un'altra strategia importante per i freelance nell'IA.

Lavorare su progetti diversi e mantenere una rete di clienti può aiutare a ridurre il rischio finanziario e a creare una base più stabile. La capacità di bilanciare progetti a lungo termine con incarichi più brevi e urgenti consente di mantenere una pipeline costante di opportunità lavorative.

Parallelamente, la formazione continua è fondamentale nella gestione delle risorse. Investire tempo nella ricerca e nell'apprendimento di nuove tecnologie e metodologie nell'ambito dell'IA mantiene le competenze allineate alle esigenze del mercato. Ciò contribuisce non solo alla propria crescita professionale, ma anche alla capacità di attrarre progetti di qualità.

La delega delle attività non essenziali è un altro aspetto spesso trascurato ma cruciale nella gestione del tempo. Se possibile, affidare compiti amministrativi o routine a un assistente virtuale o collaboratore consente al freelance di concentrarsi sulle attività di maggiore valore aggiunto.

Infine, la flessibilità mentale è un tratto fondamentale nella gestione delle risorse. I freelance nell'IA devono essere pronti ad adattarsi a cambiamenti improvvisi nei progetti, nei requisiti del cliente o nelle scadenze. Essere in grado di gestire lo stress e mantenere la chiarezza mentale in situazioni impegnative è essenziale per mantenere un alto livello di performance.

In conclusione, il *freelancing* nell'ambito dell'IA richiede non solo competenze tecniche avanzate ma anche una gestione del tempo e delle risorse altamente efficace. La combinazione di strategie di pianificazione, l'uso di strumenti digitali, il mantenimento di confini tra lavoro e vita personale, la diversificazione delle fonti di reddito, la formazione continua e la flessibilità mentale contribuiscono a creare un ambiente in cui il freelance può prosperare in un settore così dinamico e competitivo come l'Intelligenza Artificiale.

Il *freelancing* nel settore dell'Intelligenza Artificiale (IA) è un territorio vasto e in continua evoluzione, e per i freelance è essenziale essere parte di community online dedicate a questo ambito. L'esplorazione di queste comunità offre una serie di vantaggi significativi per coloro che cercano di affermarsi e crescere professionalmente in questo settore altamente specializzato.

Le community online per freelance nell'IA fungono da luoghi virtuali di condivisione di conoscenze, esperienze e risorse.

Un freelance può accedere a un ampio bacino di competenze e informazioni, grazie alla diversità di background e competenze presenti in queste piattaforme. Questa diversità consente di ottenere prospettive uniche su problematiche complesse e di apprendere da esperienze di colleghi che operano in diversi contesti.

Partecipare a forum e gruppi di discussione online consente ai freelance di rimanere aggiornati sulle ultime tendenze e sviluppi nel campo dell'IA.

Attraverso le discussioni, è possibile apprendere nuove tecniche, scoprire strumenti innovativi e ottenere consigli pratici da chi ha affrontato sfide simili. Questo continuo scambio di informazioni mantiene i freelance all'avanguardia, migliorando le loro capacità e la qualità del lavoro che offrono ai clienti.

Inoltre, le community online possono essere un terreno fertile per lo sviluppo di reti professionali. Connettersi con altri freelance nell'IA, sviluppatori, ricercatori e imprenditori apre porte a nuove opportunità di collaborazione e partnership. La condivisione di progetti, l'identificazione di possibili collaborazioni e la costruzione di relazioni professionali possono derivare da una partecipazione attiva a queste comunità.

Una caratteristica distintiva delle community online per freelance nell'IA è la possibilità di accedere a risorse gratuite o a costi accessibili. Molte di queste piattaforme offrono *webinar*, workshop e risorse formative che consentono ai freelance di ampliare le proprie competenze senza dover affrontare costi proibitivi. Queste risorse contribuiscono a mantenere elevato il livello di professionalità nel settore.

La condivisione di opportunità di lavoro è un altro vantaggio tangibile derivante dalla partecipazione a community online. I clienti spesso cercano professionisti nell'IA attraverso queste piattaforme, offrendo ai freelance l'opportunità di essere notati e di accedere a progetti interessanti. La visibilità in queste community può fungere da trampolino di lancio per nuove opportunità di lavoro e partnership commerciali.

Tuttavia, è importante notare che la partecipazione a community online richiede un impegno attivo. Contribuire alle discussioni, condividere conoscenze ed esperienze personali, e offrire supporto agli altri membri sono elementi chiave per costruire una presenza significativa in queste piattaforme. La reciproca collaborazione e l'aiuto reciproco contribuiscono a creare un ambiente in cui tutti i membri possono beneficiare delle conoscenze collettive.

L'interazione in community online per i freelance nel settore dell'Intelligenza Artificiale (IA) non solo offre vantaggi pratici e professionali, ma può anche svolgere un ruolo cruciale nello sviluppo personale e nella motivazione.

La condivisione di sfide e successi con altri professionisti nell'IA crea un senso di appartenenza e solidarietà, fornendo un sostegno morale in un campo in rapida evoluzione e spesso impegnativo.

Attraverso la partecipazione costante a discussioni e gruppi di lavoro, i freelance nell'IA hanno l'opportunità di costruire la propria reputazione online. Essere riconosciuti come esperti nel proprio settore tramite contributi significativi e condivisione di conoscenze accresce la visibilità e la credibilità. Questo può tradursi in una maggiore attrattiva per clienti potenziali, collaborazioni e opportunità di lavoro di alto livello.

Inoltre, la collaborazione in queste comunità può dare vita

a progetti collaborativi e iniziative condivise. La possibilità di unire le forze con altri freelance nell'IA può portare alla creazione di progetti innovativi, alla partecipazione a competizioni o all'organizzazione di eventi. Queste iniziative non solo offrono nuove sfide stimolanti ma contribuiscono anche a costruire una rete di collaborazioni che può essere preziosa per il futuro.

Un aspetto spesso trascurato delle community online è il ruolo della mentorship. Molte di queste piattaforme offrono l'opportunità per i freelance più esperti di condividere la propria esperienza e guidare quelli meno esperti nel campo. Questo scambio di conoscenze non solo accelera la curva di apprendimento per i nuovi arrivati, ma crea anche una cultura di apprendimento continuo che beneficia l'intera comunità.

La diversità presente nelle community online per freelance nell'IA è un elemento arricchente. Essendo un settore interdisciplinare, l'IA attrae professionisti provenienti da una varietà di sfondi, come la matematica, l'informatica, la psicologia e l'ingegneria. Questa diversità consente un approccio più olistico e stimolante ai problemi, incoraggiando la creatività e l'innovazione attraverso la fusione di prospettive diverse.

Un altro vantaggio tangibile è l'accesso a risorse di formazione avanzate. Molti membri di queste comunità offrono *webinar*, corsi online e materiali didattici che possono arricchire le competenze professionali. Questo accesso facilitato alla formazione è particolarmente rilevante in un settore come l'IA, in cui la continua evoluzione delle tecnologie richiede una formazione costante.

Tuttavia, è fondamentale mantenere un approccio bilanciato alla partecipazione a community online. Il rischio di distrazione da obiettivi di lavoro prioritari è sempre presente, e quindi è essenziale gestire il tempo dedicato a queste piattaforme in modo oculato. La partecipazione dovrebbe essere complementare all'attività professionale, aggiungendo valore senza diventare un'attività di consumo di tempo inutile.

In conclusione, l'esplorazione delle community online per i

freelance nel settore dell'IA offre opportunità significative per crescere professionalmente, accedere a risorse preziose, costruire reti durature e sviluppare una presenza online riconosciuta.

La partecipazione attiva, la condivisione di esperienze, l'assunzione di ruoli di leadership e la gestione oculata del tempo in queste piattaforme possono contribuire a plasmare una carriera di successo nel sempre dinamico mondo dell'Intelligenza Artificiale.

Negoziare tariffe competitive e condizioni contrattuali favorevoli è un aspetto cruciale del *freelancing* nel settore dell'Intelligenza Artificiale (IA). Mentre la competizione è robusta, è possibile distinguersi e ottenere accordi vantaggiosi seguendo alcuni consigli strategici.

Prima di avviare le negoziazioni, è essenziale condurre una ricerca approfondita sulle tariffe di mercato per i servizi di IA. Comprendere la gamma di prezzi praticati da altri freelance con competenze simili offre una base solida per stabilire tariffe competitive. Tuttavia, è importante considerare anche la propria esperienza, specializzazioni e la complessità del progetto in questione.

La trasparenza è una chiave per il successo nelle trattative. Essere chiari riguardo alle proprie tariffe e condizioni fin dall'inizio stabilisce un fondamento di fiducia con il cliente. Spiegare il valore aggiunto delle proprie competenze e come queste si riflettono nel costo proposto può aiutare a giustificare tariffe più elevate e persuadere il cliente dell'investimento di valore che stanno facendo.

Nel corso delle trattative, è importante non limitarsi solo al discorso delle tariffe, ma considerare anche le condizioni contrattuali. Definire chiaramente le aspettative, i tempi di consegna e i requisiti del progetto riduce il rischio di malintesi e conflitti successivi. La chiarezza nei dettagli contrattuali è fondamentale per stabilire una base solida per la collaborazione.

Un'altra strategia efficace è focalizzarsi sul valore che si offre al cliente. Sottolineare come le proprie competenze nell'IA possano portare risultati tangibili e migliorare il progetto del cliente può giustificare tariffe più elevate. Presentare studi di caso e testimonianze di successi passati rafforza la credibilità e dimostra il valore concreto del proprio lavoro.

La flessibilità è un elemento importante nelle trattative. Essere aperti a negoziare alcuni aspetti delle condizioni contrattuali, come i tempi di pagamento o le scadenze, può creare un clima di collaborazione e favorire la conclusione di un accordo. Tuttavia, è importante mantenere una certa rigidità su elementi chiave che influenzano direttamente il proprio benessere e la qualità del lavoro.

L'educazione del cliente è una tattica spesso trascurata. Poiché l'IA è un campo complesso, spiegare chiaramente i processi, le metodologie e le sfide coinvolte nel progetto può far sì che il cliente apprezzi appieno il valore delle competenze offerte. Un cliente ben informato è più propenso a comprendere e accettare tariffe adeguate per un lavoro di alta qualità.

La gestione delle obiezioni è un'abilità chiave nelle trattative. Prevedere le potenziali preoccupazioni del cliente riguardo alle tariffe e rispondere in modo proattivo dimostra preparazione e professionalità. Mostrare flessibilità nel trovare soluzioni alternative può superare le obiezioni senza compromettere eccessivamente le proprie condizioni.Infine, sviluppare una buona capacità di ascolto è fondamentale. Capire le esigenze e le preoccupazioni del cliente consente di adattare la propria proposta in modo più mirato.

Essere empatici e dimostrare una volontà genuina di soddisfare le esigenze del cliente può creare una base più solida per trattative positive.

Negoziare tariffe competitive e condizioni contrattuali favorevoli nel *freelancing* nell'IA richiede un approccio strategico e ben ponderato. Dalla trasparenza nelle tariffe alla chiarezza nelle condizioni contrattuali, dalla presentazione del valore aggiunto alle trattative flessibili, ogni aspetto contribuisce a creare accordi vantaggiosi sia per il freelance che per il cliente. La capacità di gestire le trattative con intelligenza e sagacia è un elemento distintivo che può portare a partnership durature e a una carriera di successo nel dinamico mondo dell'Intelligenza Artificiale.

Nel contesto del *freelancing* nel settore dell'Intelligenza Artificiale (IA), l'abilità di negoziare tariffe competitive e condizioni contrattuali favorevoli è cruciale per il successo a lungo termine di un professionista indipendente.

La complessità e la crescente richiesta di competenze nell'IA creano un ambiente competitivo, ma esistono diverse strategie che i freelance possono adottare per distinguersi e ottenere accordi vantaggiosi.

Una delle prime fasi della negoziazione è la preparazione. Prima di avviare qualsiasi discussione, è imperativo condurre una ricerca approfondita sulle tariffe di mercato per i servizi di IA. Questo offre una panoramica delle aspettative del settore e fornisce al freelance informazioni fondamentali per stabilire tariffe competitive, tenendo conto della propria esperienza, delle specializzazioni e della complessità del progetto in questione.

La trasparenza è un principio guida essenziale nelle trattative. Presentare le proprie tariffe in modo chiaro e diretto fin dall'inizio stabilisce una base di fiducia con il cliente. La chiarezza nell'articolazione del valore delle proprie competenze e come queste si traducano nei risultati desiderati per il cliente è fondamentale per convincere il cliente dell'investimento di valore che stanno facendo.

Un approccio vincente è quello di concentrarsi sul valore che si offre al cliente. Invece di limitarsi a discutere di tariffe, evidenziare come le competenze nell'IA possono portare a risultati tangibili e migliorare il progetto del cliente. Presentare studi di caso e testimonianze di successi passati non solo rafforza la credibilità del freelance ma dimostra il valore concreto del lavoro che offrono.

Le condizioni contrattuali sono altrettanto importanti quanto le tariffe stesse. Definire chiaramente aspettative, tempi di consegna, requisiti del progetto e altri dettagli riduce il rischio di malintesi e conflitti successivi. Una comunicazione chiara e una definizione accurata delle condizioni contrattuali contribuiscono a stabilire una base solida per la collaborazione.

La flessibilità è un elemento chiave nelle trattative.

Essere aperti a negoziare alcuni aspetti delle condizioni contrattuali, come i tempi di pagamento o le scadenze, può creare un clima di collaborazione e favorire la conclusione di un accordo.

Tuttavia, è fondamentale mantenere una certa rigidità su elementi chiave che influenzano direttamente il proprio benessere e la qualità del lavoro.

L'educazione del cliente è una tattica spesso trascurata ma potente. Spiegare chiaramente i processi, le metodologie e le sfide coinvolte nel progetto di IA può far sì che il cliente apprezzi appieno il valore delle competenze offerte. Un cliente ben informato è più propenso a comprendere e accettare tariffe adeguate per un lavoro di alta qualità.

In conclusione, la negoziazione nel *freelancing* nell'IA richiede un approccio strategico e ben ponderato. Dalla trasparenza nella comunicazione delle tariffe alla chiarezza nelle condizioni contrattuali, dalla presentazione del valore aggiunto alle trattative flessibili, ogni aspetto contribuisce a creare accordi vantaggiosi sia per il freelance che per il cliente. La capacità di gestire le trattative con intelligenza e sagacia è un elemento distintivo che può portare a partnership durature e a una carriera di successo nel dinamico mondo dell'Intelligenza Artificiale.

AFFILIAZIONI E MARKETING CON AI

*Come sfruttare l'IA nel campo
dell'affiliazione e del marketing online*

Affiliazioni e marketing online sono due elementi chiave per il successo di molte attività commerciali in un panorama digitale sempre più complesso. L'introduzione dell'Intelligenza Artificiale (IA) ha radicalmente trasformato la dinamica di queste pratiche, offrendo nuove opportunità e strategie innovative per massimizzare il rendimento degli sforzi di affiliazione e marketing.

Uno dei modi principali in cui l'IA ha influenzato il settore delle affiliazioni è attraverso la personalizzazione. Grazie all'analisi avanzata dei dati, l'IA consente alle aziende di creare programmi di affiliazione altamente personalizzati. Questo si traduce in offerte specifiche per i singoli utenti, basate sulle loro preferenze, comportamenti di navigazione e interazioni online. L'IA analizza grandi quantità di dati per identificare modelli e tendenze, permettendo alle aziende di adattare le offerte degli affiliati in modo più preciso ed efficace.

Inoltre, l'IA ha reso possibile l'automazione di molte attività legate all'affiliazione e al marketing online. Gli algoritmi avanzati possono gestire automaticamente il tracciamento delle conversioni, la gestione dei pagamenti agli affiliati e la valutazione delle performance delle campagne. Ciò libera le risorse umane per concentrarsi su strategie più creative e sulla gestione delle relazioni con gli affiliati.

Un altro aspetto cruciale è l'utilizzo dell'IA nella segmentazione del pubblico. I modelli di machine *learning* possono analizzare dati demografici, comportamentali e geografici per suddividere il pubblico in segmenti più specifici. Questo consente agli affiliati e ai *marketer* di creare contenuti altamente mirati, rispondendo alle esigenze e agli interessi specifici di ciascun gruppo demografico. L'IA contribuisce a ottimizzare la rilevanza delle campagne di marketing, aumentando l'efficacia complessiva.

L'IA è anche una risorsa preziosa per l'ottimizzazione delle conversioni.

Gli algoritmi di apprendimento automatico possono analizzare il comportamento degli utenti sul sito web e prevedere quali azioni sono più propense a portare a una conversione.

Ciò consente di ottimizzare la disposizione del sito, il design delle pagine e i messaggi di marketing per massimizzare il coinvolgimento degli utenti e aumentare le conversioni.

Nel campo delle affiliazioni, l'IA può essere sfruttata per identificare gli affiliati più performanti. Gli algoritmi possono analizzare le performance passate, tenendo conto di una serie di metriche, per prevedere quali affiliati sono più inclini a generare traffico di qualità e conversioni. Questo permette alle aziende di concentrare le risorse sugli affiliati più efficaci, ottimizzando il rendimento complessivo del programma di affiliazione.

Un'altra applicazione innovativa dell'IA nel marketing di affiliazione è l'analisi predittiva.

Gli algoritmi possono analizzare i dati storici per prevedere i trend futuri e le opportunità di mercato.

Questo consente agli affiliati e ai *marketer* di anticipare le tendenze del settore e adattare le proprie strategie di conseguenza. L'IA fornisce una prospettiva proattiva, aiutando le aziende a rimanere competitive in un mercato in rapida evoluzione.

Nel contesto delle campagne pubblicitarie online, l'IA può essere utilizzata per ottimizzare gli annunci in tempo reale. Gli algoritmi possono analizzare continuamente i dati di performance degli annunci e regolare automaticamente vari elementi, come la segmentazione del pubblico, le parole chiave e il budget, per massimizzare il rendimento della campagna pubblicitaria.

L'IA gioca un ruolo chiave nella gestione dei dati e nella sicurezza. La crescente quantità di dati generati dalle attività di affiliazione e marketing richiede soluzioni avanzate per la gestione e la protezione delle informazioni sensibili. Gli algoritmi di sicurezza basati sull'IA possono individuare attività sospette, prevenire frodi e garantire la sicurezza dei dati.

L'Intelligenza Artificiale ha rivoluzionato il modo in cui affiliazioni e marketing online sono concepiti e gestiti. Dalla personalizzazione delle offerte alla segmentazione del pubblico, dalla gestione automatica delle campagne alla previsione dei trend di mercato, l'IA offre una serie di strumenti avanzati che consentono alle aziende di massimizzare il rendimento delle loro strategie di affiliazione e marketing online.

Questo campo in costante evoluzione promette ulteriori innovazioni e opportunità, posizionando l'IA come una risorsa indispensabile per il successo nel panorama digitale contemporaneo.L'impiego dell'Intelligenza Artificiale (IA) nel settore delle affiliazioni e del marketing online non solo offre vantaggi evidenti in termini di personalizzazione e automazione, ma spinge anche l'evoluzione strategica di queste pratiche verso un livello superiore di efficienza e precisione.

Analizziamo più nel dettaglio alcune delle sfaccettature chiave di come l'IA sta plasmando e trasformando il modo in cui le aziende gestiscono le loro attività di affiliazione e marketing online.

Uno degli aspetti più rivoluzionari è la capacità dell'IA di analizzare e interpretare enormi volumi di dati in tempo reale. Ciò consente agli operatori di affiliazione e *marketer* di ottenere *insights* immediati sulle performance delle campagne, identificare tendenze emergenti e apportare modifiche tempestive alle strategie.

L'analisi dei big data, supportata dall'IA, diventa così una leva potente per guidare decisioni informate e ottimizzare le attività di marketing in modo continuo.

La personalizzazione, resa possibile dall'IA, rappresenta un altro fattore determinante. Gli algoritmi di *machine learning* possono analizzare il comportamento degli utenti online, comprendere le loro preferenze e prevedere i loro desideri futuri. Ciò consente di personalizzare le offerte e i messaggi promozionali in modo molto specifico, migliorando notevolmente l'esperienza dell'utente e aumentando la probabilità di conversione.

L'automazione delle attività quotidiane è un altro vantaggio significativo introdotto dall'IA nelle affiliazioni e nel marketing online. Compiti come il tracciamento delle conversioni, l'invio di report, la gestione delle comunicazioni con gli affiliati e l'ottimizzazione delle campagne pubblicitarie possono essere automatizzati, liberando tempo e risorse umane per attività più strategiche e creative. Ciò non solo migliora l'efficienza operativa, ma consente anche una maggiore agilità nelle risposte alle dinamiche del mercato.

La segmentazione avanzata del pubblico è un'altra chiave di volta nell'era dell'IA. I modelli di apprendimento automatico possono suddividere il pubblico in segmenti altamente specifici in base a variabili demografiche, comportamentali e geografiche. Questa segmentazione più fine consente agli operatori di affiliazione e *marketer* di creare contenuti altamente mirati, adattando le loro strategie alle esigenze uniche di ciascun gruppo di utenti.

Un aspetto cruciale è l'ottimizzazione delle conversioni, che beneficia ampiamente dell'IA. Gli algoritmi analizzano costantemente il comportamento degli utenti sul sito web, identificando pattern e tendenze che possono essere utilizzati per migliorare l'usabilità del sito e la presentazione dei prodotti. Ciò si traduce in un'esperienza utente più intuitiva e personalizzata, aumentando le probabilità di conversione.

Nel contesto delle campagne pubblicitarie online, l'IA offre una potente arma nell'ottimizzazione degli annunci in tempo reale. Gli algoritmi possono analizzare continuamente i dati di performance degli annunci e apportare modifiche automatiche per massimizzare il rendimento della campagna. Elementi come la regolazione delle parole chiave, la segmentazione del pubblico e la gestione del budget possono essere ottimizzati dinamicamente per adattarsi alle mutevoli condizioni del mercato.

Inoltre, l'IA è un alleato prezioso nella gestione della sicurezza e nella prevenzione delle frodi. Gli algoritmi di sicurezza basati sull'IA possono individuare attività sospette, rilevare pattern di comportamento fraudolento e garantire la protezione dei dati sensibili. Questo aspetto è di fondamentale importanza, considerando l'aumento delle minacce online nel contesto delle attività di affiliazione e marketing.

L'analisi predittiva è un'applicazione all'avanguardia dell'IA nel contesto delle affiliazioni e del marketing online.

Gli algoritmi analizzano i dati storici per identificare trend emergenti, prevedere cambiamenti nei comportamenti degli utenti e anticipare le opportunità di mercato. Questo fornisce agli operatori la possibilità di adattare le loro strategie in anticipo, rimanendo un passo avanti alla concorrenza.

Infine, l'IA facilita l'implementazione di strategie di marketing predittivo. Gli algoritmi possono analizzare dati complessi per identificare modelli che indicano quali azioni di marketing sono più propense a generare risultati positivi. Ciò consente di ottimizzare le decisioni strategiche, aumentare l'efficacia delle campagne e massimizzare il rendimento degli investimenti.

In conclusione, l'Intelligenza Artificiale ha una profonda influenza sulle affiliazioni e il marketing online, trasformando radicalmente la prassi tradizionale. Dalla personalizzazione avanzata alla segmentazione del pubblico, dall'automazione delle attività quotidiane all'analisi predittiva, l'IA apre nuove prospettive e offre strumenti che stanno ridefinendo il modo in cui le aziende concepiscono e implementano le loro strategie digitali. Il futuro delle affiliazioni e del marketing online è chiaramente intrecciato con lo sviluppo continuo dell'IA e delle sue potenzialità innovative.

Nel contesto delle affiliazioni e del marketing online, l'integrazione dell'Intelligenza Artificiale (IA) attraverso l'uso di strumenti automatizzati ha radicalmente trasformato la gestione e l'ottimizzazione delle campagne pubblicitarie e delle strategie di marketing. Questi strumenti avanzati stanno ridefinendo il panorama digitale, offrendo un ventaglio di possibilità che vanno dalla personalizzazione delle offerte alla gestione dinamica dei dati e all'adattamento continuo delle strategie alle mutevoli dinamiche del mercato.

Uno degli aspetti chiave dell'utilizzo di strumenti automatizzati nell'ambito delle campagne pubblicitarie è la capacità di ottimizzare in tempo reale. Grazie all'IA, gli algoritmi analizzano continuamente i dati di performance delle campagne, esaminando metriche come il *click-through* rate, il costo per conversione e altre KPI rilevanti. Questa analisi in tempo reale consente agli strumenti automatizzati di apportare regolazioni istantanee alle campagne pubblicitarie, ottimizzando la distribuzione del budget e massimizzando il rendimento.

Inoltre, l'IA consente una segmentazione del pubblico più avanzata ed efficace. Gli strumenti automatizzati utilizzano algoritmi di apprendimento automatico per analizzare dati demografici, comportamentali e altre variabili, suddividendo il pubblico in segmenti più specifici e rilevanti. Questo livello di dettaglio nella segmentazione consente agli operatori di affiliazione e marketer di creare contenuti altamente mirati, adattando le loro strategie per rispondere alle esigenze specifiche di ciascun gruppo demografico.

Un elemento distintivo degli strumenti automatizzati è la capacità di apprendimento continuo.

Gli algoritmi di *machine learning* possono adattarsi e migliorare le loro prestazioni nel tempo, imparando dai dati storici e aggiornandosi automaticamente in risposta ai cambiamenti nel comportamento degli utenti o nelle tendenze di mercato. Questo aspetto non solo ottimizza l'efficacia delle campagne nel breve termine, ma crea anche un ciclo virtuoso di miglioramento costante nel lungo periodo.

La personalizzazione delle offerte è un'altra area in cui gli strumenti automatizzati stanno rivoluzionando il marketing di affiliazione. Basandosi sui dati raccolti sul comportamento degli utenti, gli algoritmi possono predire i prodotti o i servizi che potrebbero interessare a ciascun individuo. Ciò consente di creare offerte personalizzate, suggerendo prodotti pertinenti e massimizzando le probabilità di conversione.

La gestione automatizzata degli affiliati è un aspetto fondamentale nel contesto del marketing di affiliazione. Gli strumenti automatizzati possono gestire il tracciamento delle conversioni, la distribuzione delle commissioni agli affiliati e la valutazione delle performance in modo completamente automatico. Questo non solo semplifica la gestione operativa, ma garantisce anche una maggiore precisione e trasparenza nelle transazioni con gli affiliati.

Un altro aspetto innovativo è l'utilizzo degli strumenti automatizzati per l'analisi predittiva. Gli algoritmi possono esaminare dati storici, identificare modelli e tendenze, e prevedere le prestazioni future delle campagne pubblicitarie o delle strategie di marketing. Questo fornisce agli operatori la possibilità di adattare le loro strategie in anticipo, anticipando le opportunità di mercato e mantenendo un vantaggio competitivo.

L'automazione delle attività quotidiane è un elemento cruciale. Gli strumenti automatizzati possono gestire operazioni ripetitive come l'invio di report, la gestione delle comunicazioni con gli affiliati e la generazione di analisi di dati complessi. Ciò non solo libera le risorse umane da compiti manuali, ma consente anche di concentrarsi su attività più strategiche e creative.

La sicurezza e la gestione dei dati sono aspetti prioritari

nell'ambito del marketing online. Gli strumenti automatizzati basati sull'IA possono individuare attività sospette, prevenire frodi e garantire la sicurezza dei dati sensibili. Questo è di particolare importanza considerando la crescente complessità delle minacce online e l'importanza di proteggere l'integrità delle informazioni.

L'utilizzo di strumenti automatizzati nell'ambito delle affiliazioni e del marketing online sta definendo una nuova era di efficienza e precisione. Dalla gestione ottimizzata delle campagne pubblicitarie alla personalizzazione avanzata delle offerte, dalla segmentazione del pubblico all'analisi predittiva, questi strumenti alimentati dall'IA stanno creando un ambiente in cui le aziende possono massimizzare il rendimento delle loro strategie di marketing digitale. L'evoluzione continua di questi strumenti promette di portare ulteriori innovazioni, consolidando il ruolo centrale dell'IA nel plasmare il futuro del marketing online e delle affiliazioni.

Nel contesto in continua evoluzione delle affiliazioni e del marketing online, l'integrazione sempre più avanzata di strumenti automatizzati, alimentati dall'Intelligenza Artificiale (IA), ha introdotto una serie di innovazioni che stanno ridefinendo profondamente la pratica di queste strategie digitali.

Esaminiamo più approfonditamente come queste soluzioni stanno contribuendo a ottimizzare le campagne pubblicitarie e le strategie di marketing, portando benefici tangibili a operatori di affiliazione e *marketer*.

Un elemento cruciale che emerge dall'utilizzo di strumenti automatizzati è la capacità di ottimizzazione in tempo reale delle campagne pubblicitarie. Gli algoritmi basati sull'IA analizzano costantemente le prestazioni delle campagne, valutando metriche chiave come il tasso di clic, il costo per conversione e l'engagement dell'utente.

Questa analisi in tempo reale consente agli strumenti di apportare regolazioni istantanee, regolando la distribuzione del budget e adattando la strategia pubblicitaria alle dinamiche mutevoli del mercato.

Questa flessibilità permette di massimizzare il rendimento in modo continuo, rispondendo rapidamente alle variazioni delle tendenze del consumatore e alle condizioni del mercato.

Parallelamente, l'utilizzo di algoritmi di apprendimento automatico negli strumenti automatizzati consente una segmentazione del pubblico più avanzata e precisa.

Analizzando dati demografici, comportamentali e altre variabili, l'IA suddivide il pubblico in segmenti specifici, consentendo agli operatori di affiliazione e *marketer* di personalizzare le loro strategie in base alle esigenze uniche di ciascun gruppo demografico.

Questo approccio mirato migliora l'efficacia complessiva delle campagne, poiché i messaggi possono essere adattati in modo più specifico alle preferenze e ai comportamenti di ciascun segmento di utenti.

L'aspetto dinamico della gestione degli affiliati è un altro beneficio evidente degli strumenti automatizzati. Grazie all'IA, la gestione delle conversioni, la distribuzione delle commissioni agli affiliati e la valutazione delle performance possono essere gestite in modo completamente automatico. Questo non solo semplifica il processo operativo, ma garantisce anche una maggiore precisione e trasparenza nelle transazioni con gli affiliati, contribuendo a stabilire relazioni di collaborazione più solide e durature.

Un aspetto distintivo è l'apprendimento continuo supportato dagli algoritmi di machine *learning*. Gli strumenti automatizzati, grazie a questa capacità, sono in grado di adattarsi e migliorare nel tempo, apprendendo dai dati storici e aggiornandosi automaticamente in risposta a cambiamenti nei comportamenti degli utenti o nelle tendenze di mercato. Questo ciclo virtuoso di miglioramento costante non solo porta a risultati più precisi nel breve termine ma crea anche una base per l'innovazione a lungo termine.

In conclusione, l'utilizzo di strumenti automatizzati nell'ambito delle affiliazioni e del marketing online sta ridefinendo il modo

in cui le aziende concepiscono e implementano le loro strategie digitali. Dalla gestione ottimizzata delle campagne pubblicitarie alla personalizzazione avanzata delle offerte, dall'analisi predittiva
all'automazione delle attività quotidiane, questi strumenti stanno giocando un ruolo fondamentale nel plasmare il futuro del marketing digitale. La loro continua evoluzione promette di portare nuove innovazioni, consolidando ulteriormente l'IA come catalizzatore chiave nel successo delle strategie di affiliazione e marketing online.

L'analisi delle tendenze nel marketing basato sull'Intelligenza Artificiale (IA) costituisce un'immersione approfondita in un contesto digitale in costante evoluzione. Questa pratica è diventata una chiave di volta nelle strategie di affiliazione e marketing online, offrendo un quadro dettagliato delle dinamiche che modellano il presente e il futuro del settore.

Un elemento centrale di questa analisi è la crescente importanza della personalizzazione.

Gli algoritmi di IA, sempre più sofisticati, sono in grado di scrutare e interpretare i dati comportamentali degli utenti, consentendo ai *marketer* di creare esperienze altamente personalizzate.

Questo non si traduce solo in un miglioramento dell'esperienza utente, ma in una maggiore rilevanza delle campagne, aumentando così la probabilità di conversione e la fedeltà del cliente. La personalizzazione diventa, quindi, non solo un vantaggio competitivo, ma una necessità strategica.

Parallelamente, emerge una chiara direzione verso l'automazione delle campagne pubblicitarie. Gli algoritmi basati sull'IA analizzano in tempo reale una miriade di metriche di performance, regolando dinamicamente le campagne per massimizzare il rendimento.

Questo non solo garantisce un'efficienza operativa superiore, ma permette anche una risposta immediata alle fluttuazioni del mercato.

L'automazione diventa così un alleato fondamentale, liberando risorse umane da compiti ripetitivi e consentendo una focalizzazione più intensa su strategie di marketing più sofisticate.

Un trend significativo è rappresentato dall'ampia adozione dell'analisi predittiva. Gli algoritmi di IA, tramite l'analisi dei dati storici, sono in grado di individuare modelli e tendenze, fornendo agli operatori di affiliazione e *marketer* una prospettiva chiara sulle dinamiche future del mercato. Questa capacità di anticipazione non solo consente di adattare le strategie in modo proattivo, ma si traduce anche in un vantaggio competitivo, permettendo di cogliere le opportunità emergenti prima della concorrenza.

L'analisi del *sentiment* online sta guadagnando una rilevanza sempre maggiore nelle strategie basate sull'IA.

Gli algoritmi di machine *learning* sono in grado di analizzare il *sentiment* degli utenti su piattaforme social e altri canali online, offrendo alle aziende una chiara visione delle opinioni pubbliche nei confronti del marchio. Questo tipo di analisi diventa quindi uno strumento cruciale per regolare le strategie di marketing in risposta alle percezioni del pubblico, gestendo la reputazione online e migliorando l'engagement con il consumatore.

Un aspetto innovativo è rappresentato dalla generazione automatizzata di contenuti. Gli algoritmi generativi, basati sul linguaggio naturale, sono in grado di produrre contenuti di alta qualità in modo automatico.

Ciò non solo riduce i tempi di produzione ma permette anche una maggiore personalizzazione dei messaggi, adattando il tono e lo stile in base al pubblico di destinazione.

Questo approccio non solo semplifica la creazione di contenuti ma consente anche una maggiore flessibilità nella comunicazione del brand.

La ricerca visiva è una dimensione in costante sviluppo grazie all'impiego dell'IA. Gli algoritmi di riconoscimento delle immagini diventano sempre più precisi, consentendo ai *marketer* di utilizzare in modo più strategico i contenuti visivi.

Questo non solo apre nuove opportunità per la pubblicità visiva, ma consente anche una migliore comprensione del coinvolgimento degli utenti attraverso il monitoraggio delle immagini condivise online.

L'interazione vocale sta emergendo come un elemento fondamentale nei trend del marketing basato sull'IA.

Con la crescente adozione di assistenti vocali e dispositivi con comandi vocali, gli algoritmi basati sull'IA stanno affinando le capacità di comprensione del linguaggio naturale e di risposta alle richieste vocali degli utenti. Ciò apre nuove opportunità per le strategie di marketing vocale, consentendo un'interazione più fluida e personalizzata con il consumatore.

In conclusione, l'analisi delle tendenze nel marketing basato sull'IA ci offre uno sguardo approfondito su come questa disciplina stia rivoluzionando il modo in cui le marche si connettono con il loro pubblico. Da personalizzazione avanzata a interazione vocale, ogni aspetto di questa evoluzione contribuisce a un quadro complessivo in cui l'IA è la forza trainante di un marketing più intelligente e orientato al consumatore. L'innovazione è il catalizzatore, e mentre il presente è affascinante, il futuro si prospetta ancor più promettente, con nuove sfide e opportunità che sicuramente plasmeranno il paesaggio del marketing digitale nei prossimi anni.

Affiliazioni e marketing con l'Intelligenza Artificiale (IA) aprono le porte a un nuovo paradigma: quello del marketing etico e responsabile. Questa evoluzione non riguarda solo l'efficacia delle strategie di vendita, ma riflette un cambiamento culturale nel modo in cui le aziende si relazionano con i consumatori. L'IA non è più solo uno strumento avanzato per ottimizzare campagne, ma una guida per adottare approcci etici che rispettino i valori della società contemporanea.

In questo contesto, la trasparenza diventa una pietra angolare. Le tecnologie basate sull'IA, come l'analisi predittiva e il *machine learning*, consentono alle aziende di analizzare enormi quantità di dati. Tuttavia, è fondamentale che questo processo avvenga in modo trasparente, garantendo che i consumatori comprendano come vengono utilizzate le loro informazioni e quali decisioni vengono prese in base ad esse. Questa chiarezza non solo costruisce fiducia, ma posiziona l'azienda come un attore responsabile nel panorama del marketing digitale.

La personalizzazione, alimentata dall'IA, diventa un doppio filo. Se da un lato offre esperienze utente più rilevanti, dall'altro pone la questione della privacy.

Le aziende devono equilibrare la ricerca di informazioni dettagliate sugli utenti con la necessità di rispettare la loro privacy. Le politiche di consenso esplicito e la chiara comunicazione sull'uso dei dati diventano essenziali per navigare in questo equilibrio sottile tra personalizzazione e rispetto della privacy.

Il marketing etico abbraccia anche la sostenibilità. L'IA può essere utilizzata per ottimizzare le catene di approvvigionamento, riducendo gli sprechi e minimizzando l'impatto ambientale. L'utilizzo responsabile delle risorse diventa un punto focale, con le aziende che adottano pratiche che non solo migliorano l'efficienza ma anche rispettano l'ambiente. Questa convergenza tra tecnologia e sostenibilità rappresenta un passo importante verso una visione più ampia del successo aziendale.

Un aspetto cruciale è l'attenzione alle questioni sociali. Le aziende devono abbracciare l'IA con una consapevolezza etica, evitando l'uso di algoritmi che perpetuino discriminazioni o pregiudizi.

La diversità e l'inclusione devono essere incorporate nelle strategie di marketing, riflettendo il rispetto per la diversità della clientela e della società nel suo complesso.

Il marketing etico e responsabile richiede anche una riflessione sulle pratiche di *pricing*. L'IA può essere utilizzata per personalizzare i prezzi in base ai dati del consumatore, ma questo solleva domande etiche sulla giustizia economica. Garantire che il *pricing* sia equo e trasparente diventa essenziale per evitare percezioni negative e costruire una reputazione di integrità.

Nel contesto delle strategie di marketing etico e responsabile, l'integrazione di affiliazioni e l'uso dell'Intelligenza Artificiale (IA) rappresentano un passo significativo verso la costruzione di un nuovo paradigma nel mondo degli affari. Questo cambiamento non è solamente tattico, ma incarna un profondo cambiamento culturale nelle dinamiche aziendali, orientando le imprese verso un approccio più consapevole e responsabile nella loro interazione con i consumatori.

La trasparenza emerge come un principio fondamentale in questo scenario. Le tecnologie basate sull'IA, quali l'analisi predittiva e il *machine learning*, consentono alle aziende di esaminare enormi quantità di dati per ottimizzare le proprie strategie. Tuttavia, è imperativo che questo processo avvenga in modo trasparente, garantendo ai consumatori la comprensione del modo in cui vengono utilizzate le loro informazioni e quali decisioni vengono prese in base ad esse. Questa chiarezza non solo costruisce fiducia ma stabilisce l'azienda come un attore responsabile nel panorama del marketing digitale.

La personalizzazione, alimentata dall'IA, emerge come un

doppio filo. Se da un lato offre esperienze utente più rilevanti e coinvolgenti, dall'altro sorge la questione della privacy. Le imprese devono navigare con attenzione tra la ricerca di informazioni dettagliate sugli utenti e il rispetto della loro privacy. Le politiche di consenso esplicito e una chiara comunicazione sull'uso dei dati diventano essenziali per mantenere un equilibrio tra personalizzazione e rispetto della privacy.

Il marketing etico abbraccia anche la sostenibilità come elemento centrale. L'IA può essere utilizzata per ottimizzare le catene di approvvigionamento, riducendo gli sprechi e minimizzando l'impatto ambientale.

L'utilizzo responsabile delle risorse diventa un punto focale, con le aziende che adottano pratiche che non solo migliorano l'efficienza ma anche rispettano l'ambiente.

Questa convergenza tra tecnologia e sostenibilità rappresenta un passo importante verso una visione più ampia del successo aziendale.

Un aspetto cruciale di questo approccio è l'attenzione alle questioni sociali. Le aziende devono abbracciare l'IA con una consapevolezza etica, evitando l'uso di algoritmi che perpetuino discriminazioni o pregiudizi. La diversità e l'inclusione devono essere incorporate nelle strategie di marketing, riflettendo il rispetto per la diversità della clientela e della società nel suo complesso.

Il marketing etico e responsabile richiede anche una riflessione sulle pratiche di *pricing*.

L'IA può essere utilizzata per personalizzare i prezzi in base ai dati del consumatore, ma questo solleva domande etiche sulla giustizia economica.

Garantire che il *pricing* sia equo e trasparente diventa essenziale per evitare percezioni negative e costruire una reputazione di integrità. In definitiva, l'integrazione di affiliazioni e IA nel marketing apre nuove prospettive, spingendo le imprese verso una via più etica e responsabile, allineata alle esigenze e ai valori della società contemporanea.

Questa evoluzione verso un marketing etico e responsabile richiede un impegno continuo da parte delle aziende nel monitorare e adattare le proprie pratiche. La trasparenza, ad esempio, non si limita alla comunicazione dei dati, ma implica anche la condivisione delle politiche aziendali, dei valori e delle azioni concrete intraprese per promuovere l'etica e la responsabilità sociale.

Nell'era dell'IA, la gestione della privacy diventa un'area di attenzione prioritaria. Le imprese devono implementare rigorose politiche di sicurezza dei dati, garantendo che le informazioni personali siano trattate con la massima riservatezza e nel rispetto delle normative vigenti. L'adozione di standard etici nell'implementazione dell'IA è cruciale per evitare abusi e garantire che questa tecnologia sia utilizzata per il bene comune.

La sostenibilità, un altro pilastro del marketing etico, non si limita alla riduzione dell'impatto ambientale. Le aziende possono utilizzare l'IA per analizzare l'intera catena di fornitura e identificare aree in cui è possibile migliorare l'efficienza energetica, ridurre gli sprechi e adottare materiali più sostenibili. Questo approccio non solo contribuisce all'ambiente ma può anche generare risparmi economici a lungo termine.

L'attenzione alle questioni sociali va oltre la mera non discriminazione. Le imprese devono essere proattive nell'assicurare che i loro algoritmi siano neutri e inclusivi. Questo implica una costante valutazione delle pratiche aziendali per prevenire e correggere eventuali discriminazioni algoritmiche. L'integrazione della diversità e dell'inclusione non solo nel marketing ma in tutta l'azienda diventa essenziale per costruire una cultura organizzativa che rifletta la pluralità della società.

Nel contesto delle pratiche di *pricing*, le aziende devono bilanciare la personalizzazione dei prezzi con l'equità economica. Ciò potrebbe comportare la definizione di linee guida etiche per garantire che la segmentazione dei prezzi sia basata su criteri trasparenti e non discriminatori. La comunicazione chiara e aperta con i consumatori diventa, quindi, fondamentale per evitare controversie e instillare fiducia nel pubblico.In conclusione, il marketing etico e responsabile con l'uso di affiliazioni e Intelligenza Artificiale è un processo dinamico che richiede una continua riflessione e adattamento.

Le aziende devono essere all'avanguardia nel rispondere alle sfide emergenti e nell'innovare costantemente le proprie strategie. Solo attraverso un impegno duraturo verso l'etica e la responsabilità, le imprese possono prosperare in un ambiente sempre più consapevole e orientato verso valori sostenibili.

Consigli pratici per la gestione e
l'ottimizzazione delle campagne di
affiliazione basate sull'IA

Affiliazioni e marketing con l'Intelligenza Artificiale (IA) rappresentano una sinergia potente nell'ambito delle strategie di promozione. Gestire e ottimizzare campagne di affiliazione basate sull'IA richiede una comprensione approfondita delle dinamiche di entrambi i settori, unendo la forza delle partnership affiliate con le capacità avanzate dell'IA.

Innanzitutto, è cruciale comprendere il ruolo centrale che l'IA gioca nella moderna gestione delle campagne di affiliazione. L'IA offre strumenti avanzati di analisi predittiva e machine *learning* che consentono alle aziende di anticipare i comportamenti degli utenti e di ottimizzare le strategie di marketing in tempo reale. Questo livello di previsione e adattamento dinamico è essenziale per il successo delle campagne di affiliazione, consentendo un *targeting* più preciso e una personalizzazione delle offerte.

L'IA contribuisce in modo significativo all'identificazione di pattern e trend nell'andamento degli affiliati. Analizzando grandi quantità di dati, l'IA può individuare i partner più performanti e le strategie che generano i migliori risultati.

Questa analisi avanzata consente di ottimizzare gli sforzi, concentrando le risorse sulle partnership più promettenti e massimizzando il rendimento complessivo della campagna di affiliazione.

Un aspetto chiave è la capacità dell'IA di adattarsi in tempo reale alle variazioni del comportamento degli utenti e alle tendenze di mercato. Ciò consente un'ottimizzazione continua delle offerte e delle strategie di marketing in risposta alle dinamiche mutevoli del settore. Gli algoritmi di apprendimento automatico possono adattare automaticamente le strategie di *targeting*, assicurando che le campagne di affiliazione rimangano sempre allineate agli obiettivi aziendali e alle esigenze del pubblico di riferimento.

Un consiglio pratico è investire nella creazione di modelli

predittivi personalizzati. Utilizzando dati storici e indicatori di performance chiave, è possibile sviluppare modelli avanzati che prevedano il rendimento delle partnership affiliate in diverse condizioni. Questi modelli possono guidare le decisioni strategiche, consentendo di allocare risorse in modo più efficiente e di massimizzare il ritorno sull'investimento.

Inoltre, è fondamentale adottare un approccio basato sui dati nell'ottimizzazione delle campagne di affiliazione. L'IA consente la raccolta e l'analisi di dati in tempo reale, offrendo *insight* immediati sulle prestazioni delle campagne. Questa prospettiva in tempo reale consente un intervento rapido e informazioni dettagliate per regolare le strategie di marketing e massimizzare l'efficacia delle partnership affiliate.

la trasparenza e la comunicazione aperta con gli affiliati sono essenziali.

L'IA può contribuire a fornire report dettagliati sulle performance, ma è altrettanto importante mantenere un dialogo aperto con i partner per comprendere le loro prospettive e collaborare nell'ottimizzazione continua delle campagne.

Il connubio tra affiliazioni e marketing con l'IA offre un potenziale straordinario per le imprese.

Implementare strategie basate sui dati, investire in modelli predittivi personalizzati e mantenere una comunicazione trasparente sono fondamentali per sfruttare appieno le opportunità offerte da questa sinergia, creando campagne di affiliazione altamente performanti e adattabili alle dinamiche del mercato.

Il vantaggio dell'utilizzo dell'Intelligenza Artificiale (IA) nelle campagne di affiliazione si riflette nella sua capacità di anticipare e adattarsi in tempo reale alle dinamiche del mercato. L'analisi predittiva avanzata e il *machine learning* consentono alle aziende di non solo comprendere i comportamenti degli utenti, ma anche di ottimizzare le strategie di marketing sulla base di dati in tempo reale. Questo approccio dinamico è cruciale per garantire il successo delle campagne di affiliazione, consentendo un *targeting* preciso e una personalizzazione efficace delle offerte.

Un elemento chiave dell'efficacia dell'IA nelle campagne di affiliazione è la sua capacità di identificare modelli e tendenze tra gli affiliati. Analizzando grandi volumi di dati, l'IA può individuare i partner più performanti e le strategie che generano i risultati migliori. Questa analisi avanzata consente alle aziende di concentrare le risorse sulle partnership più promettenti, massimizzando così il rendimento complessivo delle campagne di affiliazione.

La flessibilità dell'IA nel adattarsi in tempo reale alle variazioni del comportamento degli utenti e alle tendenze di mercato è un aspetto cruciale.

Ciò consente un'ottimizzazione continua delle offerte e delle strategie di marketing, garantendo che le campagne di affiliazione rimangano allineate agli obiettivi aziendali e alle esigenze del pubblico di riferimento.

Gli algoritmi di apprendimento automatico sono in grado di regolare automaticamente le strategie di *targeting*, mantenendo così un elevato livello di pertinenza nel tempo.

Investire nella creazione di modelli predittivi personalizzati emerge come un consiglio pratico. Utilizzando dati storici e indicatori chiave di performance, le aziende possono sviluppare modelli avanzati che prevedono il rendimento delle partnership affiliate in diverse condizioni. Questi modelli offrono una guida preziosa per le decisioni strategiche, consentendo un'allocazione più efficiente delle risorse e una massimizzazione del ritorno sull'investimento.

L'approccio basato sui dati nell'ottimizzazione delle campagne di affiliazione è un elemento distintivo dell'impiego dell'IA. La tecnologia consente la raccolta e l'analisi di dati in tempo reale, fornendo *insight* immediati sulle prestazioni delle campagne. Questa prospettiva in tempo reale abilita un intervento rapido e informazioni dettagliate per regolare le strategie di marketing, massimizzando così l'efficacia delle partnership affiliate.

La trasparenza e la comunicazione aperta con gli affiliati emergono come aspetti cruciali nella gestione di campagne di affiliazione basate sull'IA. Sebbene l'IA fornisca report dettagliati sulle performance, mantenere un dialogo aperto con i partner è altrettanto fondamentale.

Comprendere le prospettive degli affiliati e collaborare con loro nell'ottimizzazione continua delle campagne contribuisce a consolidare relazioni positive e durature.

Il connubio tra affiliazioni e marketing con l'IA offre un potenziale straordinario. Implementare strategie basate sui dati, investire in modelli predittivi personalizzati e mantenere una comunicazione trasparente sono elementi chiave per sfruttare appieno le opportunità di questa sinergia.

Le campagne di affiliazione, quando guidate dall'IA, diventano non solo altamente performanti ma anche adattabili alle dinamiche in continua evoluzione del mercato.

L'implementazione di strategie basate sull'Intelligenza Artificiale (IA) nelle campagne di affiliazione consente alle aziende di sfruttare al massimo le opportunità di questa sinergia. Mantenere un approccio centrato sui dati e investire in modelli predittivi personalizzati rimangono pilastri fondamentali per garantire il successo a lungo termine.

La flessibilità dell'IA nell'adattarsi dinamicamente alle variazioni del comportamento degli utenti è un aspetto particolarmente rilevante. Questa caratteristica consente di mantenere una precisione e una rilevanza costanti nelle offerte agli affiliati. Gli algoritmi di apprendimento automatico lavorano costantemente per regolare le strategie di *targeting*, garantendo che le campagne di affiliazione siano sempre allineate agli obiettivi aziendali e alle preferenze del pubblico di riferimento.

Un ulteriore consiglio pratico è quello di sfruttare appieno la capacità dell'IA di analizzare i dati in tempo reale. Questo aspetto fornisce alle aziende una visione immediata delle prestazioni delle campagne, permettendo interventi tempestivi e regolazioni in risposta alle dinamiche in continua evoluzione del mercato.

La prospettiva in tempo reale consente un livello di adattamento che può fare la differenza tra una campagna di affiliazione mediamente efficace e una straordinariamente performante.

La creazione di modelli predittivi personalizzati, basati su dati storici e indicatori chiave di performance, rappresenta ancora un passo avanti nell'ottimizzazione delle campagne.

Questi modelli non solo guidano le decisioni strategiche, ma permettono anche di anticipare le tendenze future, consentendo alle aziende di adattarsi proattivamente alle mutevoli condizioni di mercato.

La trasparenza e la comunicazione aperta con gli affiliati rimangono fondamentali. Nonostante l'IA fornisca report dettagliati, mantenere un dialogo aperto con i partner contribuisce a costruire una relazione di fiducia reciproca. Comprendere le prospettive degli affiliati e coinvolgerli nella definizione delle strategie di ottimizzazione contribuisce a creare una collaborazione solida e orientata al successo comune.

In conclusione, l'integrazione di affiliazioni e marketing con l'IA non solo offre un potenziale straordinario, ma richiede anche una gestione attenta e proattiva. Le aziende devono continuare a investire nella comprensione delle dinamiche di entrambi i settori, capitalizzando sulle capacità avanzate dell'IA. Solo attraverso un approccio centrato sui dati, la previsione predittiva, e una comunicazione aperta con gli affiliati, le campagne di affiliazione basate sull'IA possono raggiungere livelli di successo che vanno oltre le aspettative.

FORMAZIONE CONTINUA

Importanza della formazione
continua nel settore dell'IA

La formazione continua assume un ruolo fondamentale nel settore dell'Intelligenza Artificiale (IA), poiché questo ambito è in costante evoluzione e caratterizzato da rapidi cambiamenti tecnologici. La crescente complessità e l'accelerata innovazione nell'IA richiedono un impegno costante da parte dei professionisti per rimanere aggiornati sulle ultime tendenze, metodologie e applicazioni.

Innanzitutto, va sottolineato che l'IA è un campo multidisciplinare che si estende dall'informatica alla matematica, dall'ingegneria all'apprendimento automatico e oltre. La sua natura interdisciplinare implica che chi lavora in questo settore deve possedere conoscenze approfondite in vari settori. La formazione continua diventa quindi un veicolo cruciale per acquisire e mantenere competenze specializzate e poliedriche.Un motivo chiave per cui la formazione continua è di particolare importanza nell'IA è legato alla velocità con cui emergono nuove tecnologie e approcci. La ricerca e lo sviluppo nel campo dell'IA avanzano rapidamente, introducendo regolarmente nuovi algoritmi, tecniche di apprendimento automatico e applicazioni pratiche. Un professionista che desidera rimanere competitivo e rilevante deve essere in grado di adattarsi a queste innovazioni in tempo reale.

La formazione continua non riguarda solo l'aggiornamento delle competenze tecniche, ma anche l'approfondimento della comprensione etica e sociale dell'IA. Data la crescente diffusione di sistemi di intelligenza artificiale in molteplici settori, è essenziale che i professionisti comprendano le implicazioni etiche legate alla raccolta e all'uso dei dati, alla trasparenza degli algoritmi e alle questioni di bias algoritmico. La formazione in queste aree è essenziale per garantire un'applicazione etica e responsabile dell'IA.

La collaborazione con istituti accademici, centri di ricerca e organizzazioni specializzate diventa un importante canale per la formazione continua nell'IA. Attraverso corsi, workshop e progetti collaborativi, i professionisti possono ottenere conoscenze pratiche, accedere a risorse aggiornate e partecipare a dibattiti in corso nel campo. Questo scambio continuo di conoscenze favorisce l'innovazione e crea una comunità di esperti che contribuisce al progresso dell'IA.

La formazione continua nel settore dell'IA è altresì vantaggiosa per le aziende che desiderano mantenere un vantaggio competitivo. Investire nella crescita e nello sviluppo del proprio personale consente di avere team altamente qualificati e pronti ad affrontare sfide complesse. Inoltre, i professionisti ben formati sono più propensi a identificare opportunità di miglioramento e a implementare soluzioni innovative.

La formazione continua nel settore dell'IA è una componente cruciale per i professionisti che desiderano avere successo in un campo caratterizzato da un rapido cambiamento e una costante innovazione.

Attraverso l'aggiornamento delle competenze tecniche, la comprensione delle implicazioni etiche e la collaborazione con la comunità accademica e industriale, i professionisti possono mantenere la loro rilevanza e contribuire in modo significativo al progresso dell'Intelligenza Artificiale.

L'importanza della formazione continua nel settore dell'Intelligenza Artificiale (IA) si manifesta in un contesto di rapida evoluzione tecnologica, in cui le dinamiche e le applicazioni dell'IA si sviluppano con una rapidità senza precedenti. Questa necessità di apprendimento costante deriva dalla complessità intrinseca dell'IA, un campo che abbraccia discipline come l'informatica, la statistica, l'ingegneria e il machine *learning*.

La formazione continua non riguarda solo l'acquisizione di nuove competenze, ma anche il mantenimento di una conoscenza approfondita delle metodologie e delle applicazioni più recenti. L'IA è intrinsecamente legata a innovazioni quali nuovi algoritmi di apprendimento automatico, modelli avanzati di intelligenza artificiale e applicazioni pratiche in settori sempre più diversificati. Mantenere il passo con questi sviluppi richiede un impegno costante per acquisire conoscenze sempre più specializzate.

Uno degli aspetti chiave della formazione continua nell'IA è la sua dimensione multidisciplinare. Gli esperti di IA devono possedere una vasta gamma di competenze che vanno dalla programmazione all'analisi dei dati, dall'ingegneria al pensiero critico. Le competenze multidisciplinari sono essenziali per comprendere appieno le sfide e le opportunità nell'IA e per applicare soluzioni innovative a problemi complessi.

Un aspetto critico della formazione continua riguarda l'aspetto etico e sociale dell'IA.

Man mano che le tecnologie di intelligenza artificiale si diffondono in settori come la sanità, l'istruzione, la finanza e altro ancora, è cruciale che i professionisti dell'IA comprendano le implicazioni etiche legate alla raccolta e all'uso dei dati. Questo aspetto della formazione aiuta a garantire che l'IA venga implementata in modo etico, rispettando la privacy degli individui e prevenendo il rischio di discriminazione algoritmica.

La collaborazione con istituti accademici e centri di ricerca è un mezzo fondamentale per promuovere la formazione continua nell'IA. Corsi specializzati, workshop e progetti collaborativi offrono opportunità per acquisire competenze pratiche, rimanere aggiornati sulle ultime tendenze e partecipare attivamente al dibattito in corso all'interno della comunità scientifica e industriale.

La formazione continua non solo beneficia gli individui ma rappresenta anche un investimento strategico per le aziende. Team ben formati e aggiornati sono in grado di affrontare sfide complesse e di capitalizzare sulle opportunità emergenti nel settore dell'IA. Le imprese che incoraggiano la formazione continua dimostrano un impegno verso l'innovazione e la crescita sostenibile.

In sintesi, la formazione continua nel settore dell'IA è un requisito imprescindibile per i professionisti che intendono prosperare in un campo in costante evoluzione. L'acquisizione di competenze specializzate, la comprensione delle implicazioni etiche e sociali e la collaborazione con la comunità scientifica sono pilastri fondamentali per mantenere la rilevanza e contribuire al progresso dell'Intelligenza Artificiale. La formazione continua non è solo un investimento personale, ma anche un elemento chiave per il progresso e l'innovazione dell'intero settore dell'IA.

Affrontare la formazione continua nel contesto dell'Intelligenza Artificiale (IA) implica esplorare programmi avanzati e certificazioni che possano offrire competenze specializzate e un valore riconosciuto nel mondo professionale. Date le crescenti esigenze di competenze nell'IA, diversi programmi educativi e certificazioni sono diventati fondamentali per gli individui che cercano di rimanere competitivi in questo campo dinamico.

Innanzitutto, numerosi istituti accademici e organizzazioni specializzate offrono master e corsi di laurea avanzati in Intelligenza Artificiale. Questi programmi forniscono una formazione completa che spazia dalle basi teoriche dell'IA all'applicazione pratica in diversi settori. Accreditati e progettati in collaborazione con esperti del settore, questi programmi offrono un approccio approfondito e strutturato per acquisire competenze avanzate.

Oltre ai programmi accademici, le certificazioni sono diventate un mezzo efficace per dimostrare competenze specifiche nell'IA. Certificazioni da istituti come Microsoft, Google, IBM e AWS offrono percorsi specializzati in tematiche come machine *learning*, analisi dei dati e sviluppo di modelli di intelligenza artificiale.

Ottenere queste certificazioni può essere un modo rapido ed efficace per acquisire competenze pratiche e riconoscimento nel settore.

Piattaforme online come *Coursera*, *edX* e *Udacity* offrono corsi specifici sull'IA sviluppati da istituzioni accademiche e aziende leader nel settore. Questi corsi sono spesso progettati per essere accessibili a un pubblico globale, consentendo a professionisti di tutto il mondo di accedere a risorse educative di alta qualità e rimanere aggiornati sulle ultime tendenze dell'IA.

Un'altra strategia chiave per la formazione continua è partecipare a workshop e conferenze specializzate. Eventi come la Conference on *Neural Information Processing* Systems (*NeurIPS*), l'International Conference on Machine Learning (ICML) e la Conference on Computer Vision and Pattern *Recognition* (CVPR) offrono opportunità di apprendimento e networking a livello globale. Partecipare a questi eventi consente di interagire direttamente con gli esperti di settore, apprendere le ultime scoperte e condividere esperienze con altri professionisti dell'IA.

Infine, il coinvolgimento in progetti pratici è cruciale per consolidare le competenze acquisite. Contribuire a progetti open source, partecipare a hackathon o lavorare su problemi reali con applicazioni pratiche di intelligenza artificiale fornisce esperienza pratica e un ambiente di apprendimento continuo.

In conclusione, navigare nella formazione continua nell'IA richiede una combinazione di approcci, tra cui programmi accademici avanzati, certificazioni riconosciute, corsi online, partecipazione a eventi specializzati e coinvolgimento in progetti pratici. Questa varietà di risorse consente agli individui di personalizzare il proprio percorso di apprendimento, adattandolo alle esigenze specifiche del settore e alle sfide che l'Intelligenza Artificiale continua a presentare.

L'esplorazione delle tendenze nell'offerta di corsi online nell'ambito dell'Intelligenza Artificiale (IA) rivela un panorama in continua evoluzione, plasmato dalla crescente domanda di competenze avanzate in questo settore dinamico. La formazione continua nell'IA attraverso corsi online ha guadagnato sempre più rilevanza, grazie alla flessibilità, all'accessibilità globale e all'aggiornamento costante delle risorse educative.

Innanzitutto, la diversificazione dei corsi online nell'IA è notevole. Piattaforme come *Coursera*, edX, *Udacity* e Khan Academy offrono una vasta gamma di corsi che coprono aspetti fondamentali e avanzati dell'IA.

Dalle basi del machine *learning* ai modelli avanzati di *deep learning*, gli studenti possono scegliere corsi che si adattano al loro livello di competenza e alle loro esigenze specifiche.

Questa varietà di opzioni consente una personalizzazione del percorso di apprendimento, rendendo la formazione più accessibile a un pubblico diversificato.

Un'ulteriore tendenza evidente è la collaborazione tra piattaforme online e istituti accademici o aziende di spicco nell'IA. Corsi sviluppati in collaborazione con università di prestigio o esperti del settore offrono agli studenti un accesso privilegiato a risorse educative di alta qualità. Questa sinergia tra il mondo accademico e quello industriale contribuisce a garantire che i corsi online riflettano le ultime tendenze e applicazioni pratiche nel campo dell'IA.

Il modello di apprendimento basato su progetti è un'altra caratteristica saliente dei corsi online nell'IA. Molte piattaforme offrono corsi che incoraggiano gli studenti a applicare le loro conoscenze in progetti pratici. Questo approccio mira a fornire esperienze di apprendimento più *immersive*, consentendo agli studenti di affrontare sfide reali e sviluppare competenze pratiche che possono essere direttamente applicate in contesti lavorativi.

Un'altra tendenza degna di nota è l'uso crescente di strumenti interattivi e simulazioni nei corsi online di IA. L'introduzione di laboratori virtuali, esercizi interattivi e simulazioni pratiche consente agli studenti di sperimentare direttamente concetti complessi. Questo approccio non solo migliora l'esperienza di apprendimento, ma offre anche una maggiore comprensione dei concetti teorici, preparando gli studenti a tradurre la teoria in pratica in situazioni del mondo reale.

La modularità dei corsi online nell'IA è una caratteristica che li rende adatti a professionisti che cercano di acquisire competenze specifiche senza impegnarsi in programmi di formazione a lungo termine. I corsi modulati consentono agli studenti di concentrarsi su argomenti specifici, come computer vision, processamento del linguaggio naturale o etica nell'IA, offrendo un percorso flessibile per la specializzazione.

Infine, la crescente integrazione di corsi online nell'IA con piattaforme di apprendimento automatico e intelligenza artificiale è una tendenza emergente.

L'uso di strumenti basati sull'IA per personalizzare il percorso di apprendimento degli studenti, suggerire risorse aggiuntive e valutare il progresso individuale è un esempio di come l'IA stessa possa essere impiegata nell'ambito dell'istruzione online.

In conclusione, l'esplorazione delle tendenze nell'offerta di corsi online nell'ambito dell'IA rivela un panorama ricco e in continua evoluzione. Dalla diversificazione delle offerte alla collaborazione tra piattaforme e istituti accademici, dall'approccio basato su progetti all'uso di strumenti interattivi, la formazione continua nell'IA online sta adottando modalità sempre più innovative per soddisfare le esigenze di un pubblico globale alla ricerca di competenze avanzate in questo campo in continua espansione.

Approfondimento sulle modalità
di apprendimento più efficaci per
le tecnologie emergenti

L'apprendimento continuo è cruciale nel contesto delle tecnologie emergenti, in particolare nell'ambito dell'Intelligenza Artificiale (IA).

L'IA è un campo in rapida evoluzione, con nuovi sviluppi e scoperte che emergono costantemente. Per rimanere competitivi in questo scenario dinamico, è essenziale adottare modalità di apprendimento altamente efficaci.

Innanzitutto, l'apprendimento pratico si presenta come uno dei metodi più efficaci per acquisire competenze nell'IA. Affrontare progetti pratici, lavorare su casi di studio e affrontare sfide reali consente di applicare direttamente le conoscenze teoriche. Questo approccio fornisce una comprensione più profonda dei concetti, migliorando la capacità di risolvere problemi e affrontare situazioni complesse nell'ambito dell'IA.

La partecipazione attiva a comunità online rappresenta un'altra modalità di apprendimento efficace. Essere parte di forum, gruppi di discussione e piattaforme di condivisione di conoscenze consente di interagire con professionisti dell'IA provenienti da tutto il mondo. Questo scambio di idee e esperienze amplia la prospettiva, fornendo nuove sfide e soluzioni che potrebbero non emergere dall'apprendimento individuale.

I corsi online, specialmente quelli basati su piattaforme come *Coursera*, edX e *Udacity*, offrono un accesso flessibile a contenuti di alta qualità. Tali corsi sono spesso progettati da esperti del settore e accademici rinomati, fornendo una panoramica completa delle tematiche legate all'IA. La possibilità di apprendere a un ritmo individuale consente di bilanciare la formazione con impegni professionali o accademici esistenti.

L'approccio basato su progetti è particolarmente efficace. La creazione di modelli di machine *learning*, la risoluzione di problemi pratici e la partecipazione a *hackathon* consentono di applicare in modo diretto le competenze apprese. Questo tipo di apprendimento attivo non solo migliora la pratica, ma aiuta anche a sviluppare la capacità di affrontare sfide reali nel mondo dell'IA.

L'apprendimento collaborativo è un'altra strategia chiave. Lavorare in team su progetti complessi consente di trarre vantaggio dalla diversità di competenze e prospettive.

L'IA spesso richiede una combinazione di competenze tecniche, creative ed etiche, e il lavoro di squadra favorisce una comprensione più approfondita e un approccio olistico all'apprendimento.

L'utilizzo di risorse come tutorial online, libri specializzati e documentazione tecnica è essenziale.

Mantenere un approccio autodidatta permette di rimanere aggiornati sulle ultime tendenze e scoperte nell'IA. La lettura critica e l'esplorazione indipendente contribuiscono a sviluppare una mentalità di apprendimento continuo.

Partecipare a conferenze e workshop svolge un ruolo chiave nell'apprendimento delle tecnologie emergenti. Eventi come la *NeurIPS* e l'ICML offrono l'opportunità di immergersi nelle ultime ricerche, connettersi con leader del settore e partecipare a sessioni interattive. Questo tipo di coinvolgimento diretto consolida le conoscenze acquisite tramite altre modalità di apprendimento.

In sintesi, l'apprendimento efficace nell'ambito dell'IA richiede un approccio olistico che incorpori l'apprendimento pratico, la partecipazione attiva alla comunità, corsi online, approcci basati su progetti, apprendimento collaborativo, l'utilizzo di risorse autodidattiche e il coinvolgimento in eventi e conferenze specializzate.

Solo attraverso questa combinazione di modalità di apprendimento, gli individui possono sviluppare competenze approfondite e rimanere al passo con l'evoluzione incessante delle tecnologie emergenti nell'ambito dell'IA.

ASPETTI ETICI E PRIVACY

*Breve discussione sugli aspetti etici e sulla
gestione della privacy nel lavoro online con l'IA*

Nel contesto del lavoro online con l'Intelligenza Artificiale (IA), è fondamentale affrontare con attenzione gli aspetti etici e la gestione della privacy. L'IA, con le sue capacità avanzate di analisi e elaborazione dei dati, solleva una serie di questioni etiche che vanno dalla trasparenza all'equità e all'impatto sulla privacy individuale.

La trasparenza è un principio etico fondamentale nell'utilizzo dell'IA. Quando si implementano sistemi basati sull'IA nel lavoro online, è essenziale che le organizzazioni siano trasparenti riguardo all'uso che fanno di tali tecnologie. Questo significa comunicare chiaramente come vengono utilizzati gli algoritmi, quali dati vengono raccolti e come vengono presi i decisioni. La mancanza di trasparenza può minare la fiducia degli utenti e sollevare preoccupazioni legate alla governance etica nell'ambiente online.

La questione della privacy è cruciale quando si lavora con l'IA. Gli algoritmi di apprendimento automatico spesso richiedono un'enorme quantità di dati per addestrarsi ed essere efficaci. Nel contesto del lavoro online, dove le informazioni personali possono essere coinvolte, è essenziale implementare rigorose politiche di protezione dei dati. Garantire il consenso esplicito degli utenti per la raccolta e l'uso dei dati è un passo fondamentale per rispettare la privacy individuale.

Un aspetto particolarmente delicato è rappresentato dalla gestione dei bias algoritmici. Gli algoritmi di IA possono ereditare pregiudizi e discriminazioni presenti nei dati con cui vengono addestrati. Nel lavoro online, dove la diversità degli utenti è una costante, è essenziale mitigare questi *bias* per evitare discriminazioni ingiuste. Le organizzazioni devono impegnarsi nell'identificare e correggere eventuali bias presenti nei loro sistemi, garantendo un approccio equo e inclusivo.

La sicurezza dei dati è un'altra componente critica. Con la crescita dell'IA nel lavoro online, le informazioni sensibili possono diventare bersaglio di minacce informatiche. Implementare robuste misure di sicurezza, come la crittografia dei dati e le autenticazioni a più fattori, è essenziale per proteggere la riservatezza delle informazioni degli utenti.

Nel contesto del lavoro online con l'IA, la formazione etica diventa altrettanto importante quanto la formazione tecnica. Gli operatori devono essere consapevoli delle implicazioni etiche legate all'uso dell'IA e comprendere come tali tecnologie possono influenzare la vita delle persone. La consapevolezza etica è cruciale per prendere decisioni informate e responsabili durante il lavoro con l'IA.

Infine, è necessario affrontare la questione della responsabilità. Chi è responsabile in caso di decisioni errate o danni derivanti dall'uso dell'IA nel lavoro online? La chiarezza nella definizione delle responsabilità è essenziale per garantire una corretta gestione delle implicazioni etiche e legali.

In conclusione, il lavoro online con l'IA richiede un approccio attento agli aspetti etici e alla gestione della privacy.

La trasparenza, la protezione dei dati, la mitigazione dei bias algoritmici, la sicurezza delle informazioni e la formazione etica sono componenti fondamentali per un utilizzo responsabile e etico dell'IA nel contesto del lavoro online.

L'importanza di rispettare le linee guida etiche e le leggi sulla privacy nel lavoro online con l'intelligenza artificiale (IA) è cruciale per garantire un ambiente digitale sicuro, equo e rispettoso dei diritti individuali. In un mondo sempre più interconnesso, in cui l'IA svolge un ruolo sempre più predominante, è fondamentale comprendere e aderire a principi etici solidi per mitigare i rischi e proteggere la privacy delle persone coinvolte.

Le implicazioni etiche del lavoro con l'IA si manifestano in molteplici contesti, dallo sviluppo di algoritmi all'implementazione di sistemi automatizzati. Gli sviluppatori e gli operatori di sistemi basati sull'IA devono considerare attentamente l'impatto sociale delle proprie creazioni, assicurandosi che le decisioni automatizzate siano guidate da valori etici e rispettino i diritti umani fondamentali. Questo richiede una riflessione approfondita sulla responsabilità sociale degli attori coinvolti, sia a livello individuale che aziendale.

La privacy, nel contesto dell'IA, assume un ruolo cruciale. Le tecnologie basate sull'IA spesso trattano dati sensibili e personali, rendendo imperativo il rispetto rigoroso delle normative sulla privacy. Le organizzazioni devono adottare misure di sicurezza robuste per proteggere i dati degli utenti e garantire che le informazioni sensibili siano trattate in modo etico e conforme alle leggi vigenti. Ciò implica anche la trasparenza nel processo decisionale dell'IA, consentendo agli individui di comprendere come vengono utilizzati i loro dati e offrendo loro un controllo adeguato sulle proprie informazioni personali.

Il rispetto delle linee guida etiche e delle leggi sulla privacy non solo rappresenta un obbligo legale, ma contribuisce anche a costruire la fiducia tra le organizzazioni e il pubblico. Le violazioni della privacy possono avere conseguenze significative per la reputazione e la fiducia nel marchio. In un'era in cui la trasparenza e l'etica aziendale sono sempre più apprezzate, il rispetto delle normative sulla privacy diventa un elemento chiave per stabilire relazioni durature con clienti e utenti.

Inoltre, l'adozione di standard etici nell'ambito dell'IA favorisce l'innovazione responsabile. Promuovere l'etica nel lavoro con l'IA significa considerare le implicazioni sociali, culturali ed economiche delle tecnologie sviluppate. Ciò contribuisce a evitare l'emergere di soluzioni tecniche che potrebbero perpetuare disuguaglianze o discriminazioni, promuovendo invece un approccio inclusivo che tenga conto della diversità e della dignità umana.

In conclusione, rispettare le linee guida etiche e le leggi sulla privacy nel lavoro online con l'IA è essenziale per creare un ambiente digitale sostenibile, etico e rispettoso dei diritti umani.

L'adozione di pratiche e politiche che pongano al centro la privacy e l'etica non solo protegge gli individui coinvolti, ma contribuisce anche a costruire un futuro digitale in cui l'innovazione è guidata dalla responsabilità sociale e dalla considerazione delle implicazioni morali delle proprie azioni.

Nel contesto del lavoro online con l'intelligenza artificiale (IA), emergono frequentemente casistiche etiche che richiedono un'attenzione particolare da parte degli sviluppatori, degli operatori e delle organizzazioni coinvolte. Affrontare queste situazioni richiede un approccio ponderato e responsabile, in linea con principi etici solidi.

Uno dei dilemmi etici comuni riguarda l'uso improprio dei dati. Con l'IA, si manipolano grandi quantità di informazioni, spesso di natura sensibile. Utilizzare questi dati in modo inappropriato, come la vendita non autorizzata o la condivisione senza consenso, solleva gravi preoccupazioni etiche. Affrontare questa problematica implica l'implementazione di politiche di gestione dei dati chiare e trasparenti, garantendo il consenso informato degli utenti e adottando misure di sicurezza robuste per prevenire accessi non autorizzati.

Un altro scenario eticamente delicato si presenta con i bias algoritmici. Gli algoritmi di IA possono riflettere i pregiudizi presenti nei dati di addestramento, portando a decisioni discriminatorie o ingiuste. Affrontare questo problema richiede un'analisi critica dei dati di addestramento, l'implementazione di strategie per mitigare i bias e la promozione di una progettazione algoritmica che miri a ridurre disparità e discriminazioni.

La trasparenza nel processo decisionale dell'IA è un altro aspetto etico cruciale. Gli utenti devono comprendere come vengono prese le decisioni automatizzate e quali dati vengono utilizzati.

Affrontare questa questione implica la creazione di modelli di spiegazione e interpretazione degli algoritmi, consentendo agli utenti di comprendere il motivo di una determinata decisione e fornendo loro un senso di controllo sulle interazioni con sistemi basati sull'IA.

Un dilemma etico più ampio riguarda l'impatto sociale delle tecnologie basate sull'IA. L'automazione potrebbe portare a perdite di posti di lavoro o accentuare le disuguaglianze economiche. Affrontare questa sfida richiede la considerazione delle implicazioni sociali nelle fasi di progettazione e l'adozione di politiche che mitighino gli effetti negativi, promuovendo al contempo l'occupazione e la formazione per adattarsi ai cambiamenti tecnologici.

Infine, la responsabilità nel caso di malfunzionamenti dell'IA è un tema etico cruciale. I sistemi automatizzati possono commettere errori, e gli operatori devono essere pronti a gestire le conseguenze. Affrontare questa problematica implica la definizione di procedure di emergenza, la chiara attribuzione di responsabilità e l'implementazione di meccanismi per la correzione tempestiva di errori.

In sintesi, affrontare le casistiche etiche nel lavoro online con l'IA richiede un impegno costante per sviluppare e implementare politiche etiche solide. L'attenzione alla gestione dei dati, la riduzione dei bias algoritmici, la promozione della trasparenza, la considerazione delle implicazioni sociali e la responsabilità in caso di malfunzionamenti sono tutti elementi chiave per garantire che l'IA sia utilizzata in modo etico e responsabile, contribuendo così a costruire un futuro digitale equo e sostenibile.

L'esplorazione delle politiche aziendali etiche nell'ambito dell'intelligenza artificiale (IA) è un aspetto cruciale per garantire un uso responsabile e rispettoso dei valori umani in un contesto digitale in rapida evoluzione. Le organizzazioni che integrano l'IA nei loro processi devono affrontare sfide etiche complesse, richiedendo un approccio strategico e proattivo per sviluppare politiche etiche robuste.

In primo luogo, le politiche aziendali etiche devono affrontare la questione fondamentale della trasparenza. Le organizzazioni devono impegnarsi a comunicare chiaramente come utilizzano l'IA, sia a livello interno che esterno. Ciò implica la divulgazione delle finalità dell'uso dell'IA, delle fonti di dati utilizzate e delle metodologie adottate. Una trasparenza efficace non solo consente una comprensione più approfondita da parte degli stakeholder, ma contribuisce anche a costruire fiducia e legittimità nell'uso dell'IA.

Un altro aspetto critico è la gestione dei dati. Le politiche etiche devono stabilire rigorose linee guida per la raccolta, l'archiviazione e l'uso dei dati, garantendo la conformità alle leggi sulla privacy e la protezione degli interessi degli individui. Questo richiede la definizione di procedure chiare per ottenere il consenso informato, nonché la messa in atto di meccanismi di sicurezza avanzati per prevenire violazioni e accessi non autorizzati.

Nel contesto delle politiche aziendali etiche, l'eliminazione dei bias algoritmici è un obiettivo primario. Le organizzazioni devono impegnarsi attivamente nella riduzione dei pregiudizi nei dati di addestramento e nell'implementazione di misure correttive per evitare discriminazioni nei risultati dell'IA.

Ciò richiede un'analisi critica e continua dei modelli algoritmici per garantire che le decisioni automatizzate siano equilibrate e giuste.

La responsabilità è un pilastro delle politiche etiche aziendali nell'ambito dell'IA. Le organizzazioni devono definire chiaramente i ruoli e le responsabilità degli attori coinvolti nell'implementazione e nell'utilizzo dell'IA. Questo comprende la designazione di figure responsabili della governance etica, nonché la creazione di meccanismi per la gestione degli errori e la correzione tempestiva di problemi emergenti.

Un elemento cruciale è anche la formazione etica. Le organizzazioni devono investire nella formazione di personale in modo che comprendano appieno le implicazioni etiche dell'IA e siano in grado di applicare principi etici nei processi decisionali.

La consapevolezza etica dovrebbe essere incorporata nella cultura aziendale, promuovendo un approccio etico nel modo in cui i dipendenti concepiscono, sviluppano e utilizzano tecnologie basate sull'IA.

In conclusione, l'esplorazione delle politiche aziendali etiche nell'ambito dell'IA è essenziale per garantire che l'innovazione tecnologica avvenga in modo sostenibile e rispettoso. La trasparenza, la gestione dei dati, la riduzione dei *bias*, la responsabilità e la formazione etica sono elementi fondamentali di tali politiche, che devono essere adottate e implementate in modo continuativo per assicurare che l'IA contribuisca positivamente alla società e al benessere globale.

Gli aspetti etici e la privacy rivestono un ruolo centrale nell'analisi delle implicazioni dell'utilizzo di tecnologie basate sull'intelligenza artificiale (IA). In un mondo sempre più connesso e digitalizzato, dove le applicazioni dell'IA si diffondono in svariati settori, è fondamentale esaminare attentamente come queste tecnologie influenzano la nostra vita quotidiana e, in particolare, come impattano sulla tutela della nostra privacy.

Le tecnologie basate sull'IA spesso richiedono l'elaborazione di enormi quantità di dati personali. Questi dati, che vanno da informazioni di base come nome e indirizzo a dettagli più sensibili come preferenze personali e dati medici, sono fondamentali per l'addestramento e il funzionamento degli algoritmi. Tuttavia, la raccolta e il trattamento di tali dati sollevano preoccupazioni etiche in relazione alla privacy degli individui.Un elemento cruciale è il consenso informato.

Gli utenti devono essere pienamente consapevoli di come i loro dati verranno utilizzati prima di acconsentire alla raccolta.

Le politiche di consenso dovrebbero essere trasparenti e comprensibili, evitando ambiguità e utilizzando un linguaggio accessibile. Garantire un consenso informato è essenziale per rispettare la volontà degli utenti e proteggere la loro privacy.

La sicurezza dei dati è un altro aspetto critico. Con la crescente minaccia di violazioni della sicurezza informatica, è imperativo che le organizzazioni implementino misure robuste per proteggere i dati personali. Ciò include l'adozione di protocolli di crittografia avanzati, la creazione di firewall efficaci e l'implementazione di meccanismi di autenticazione multi-fattore. Solo attraverso tali precauzioni è possibile garantire che i dati sensibili degli utenti siano al sicuro da accessi non autorizzati.

L'anonimizzazione dei dati è una pratica chiave per bilanciare l'uso dell'IA con la tutela della privacy. Trasformare i dati in modo che non siano direttamente associabili a individui specifici riduce il rischio di identificazione e protegge la privacy degli utenti. Tuttavia, è importante notare che l'anonimizzazione completa potrebbe essere difficile da raggiungere, specialmente considerando la crescente capacità delle tecnologie di interconnettere dati diversi e risalire all'identità dell'utente.

Un ulteriore aspetto da considerare è la durata della conservazione dei dati. Mantenere dati personali per un periodo più lungo del necessario può aumentare il rischio di accessi non autorizzati e abusi. Le organizzazioni devono stabilire politiche chiare sulla conservazione dei dati, garantendo che vengano eliminati o resi anonimi una volta che non sono più essenziali per gli scopi per cui sono stati raccolti.

Infine, è fondamentale considerare la condivisione dei dati tra organizzazioni. Quando le informazioni vengono scambiate tra diverse entità, il rischio di abusi e accessi non autorizzati aumenta. Pertanto, le organizzazioni devono adottare standard elevati per la condivisione dei dati, garantendo che avvenga solo in conformità con leggi e regolamenti sulla privacy.

In conclusione, l'analisi delle implicazioni della privacy nell'utilizzo di tecnologie basate sull'IA richiede un approccio olistico. Consenso informato, sicurezza dei dati, anonimizzazione, durata della conservazione e condivisione responsabile dei dati sono tutti elementi chiave per garantire che l'implementazione dell'IA rispetti la privacy degli individui. Solo attraverso l'adozione di politiche e pratiche rigorose, le organizzazioni possono bilanciare l'innovazione tecnologica con la salvaguardia dei diritti e della privacy degli utenti.

Nel contesto del lavoro con l'intelligenza artificiale (IA), l'approfondimento sulla responsabilità etica dell'individuo emerge come elemento cruciale per garantire un impiego equo, rispettoso e consapevole di questa tecnologia sempre più pervasiva.

La responsabilità etica individuale implica, innanzitutto, la consapevolezza delle implicazioni etiche connesse al lavoro con l'IA. Gli individui coinvolti devono sviluppare una comprensione approfondita delle sfide etiche legate all'IA, che comprendono questioni come la privacy, la trasparenza, i bias algoritmici e l'impatto sociale.

Questa consapevolezza costituisce la base per decisioni etiche informate e per un contributo costruttivo all'evoluzione etica dell'IA.

La responsabilità individuale si manifesta anche nell'adozione di pratiche etiche durante lo sviluppo e l'implementazione di soluzioni basate sull'IA. Gli sviluppatori devono considerare attentamente l'impatto sociale delle proprie creazioni, cercando di minimizzare i bias nei dati di addestramento e garantendo la trasparenza nell'implementazione degli algoritmi. La responsabilità si estende anche agli operatori dei sistemi basati sull'IA, che devono essere pronti a intervenire in caso di malfunzionamenti e adottare misure correttive tempestive.

Un elemento fondamentale della responsabilità etica individuale è la gestione consapevole dei dati. Con l'IA che spesso richiede grandi quantità di dati per l'addestramento degli algoritmi, gli individui devono garantire che la raccolta e l'uso dei dati rispettino normative sulla privacy e diritti degli utenti. Ciò implica la comprensione delle leggi sulla privacy pertinenti e la pratica di principi come il consenso informato e la sicurezza dei dati.

La responsabilità etica nell'ambito dell'IA richiede anche la considerazione delle implicazioni sociali delle decisioni prese. Gli individui devono valutare come le tecnologie da loro sviluppate o implementate possono influenzare la società nel suo complesso. Questo potrebbe includere la riflessione sulle possibili conseguenze sulla disoccupazione, sull'accesso equo alle tecnologie o sull'accentuazione delle disuguaglianze. La responsabilità individuale si traduce quindi in un impegno per contribuire a un impatto sociale positivo.

Inoltre, l'individuo è chiamato a essere proattivo nella segnalazione di pratiche etiche discutibili o problematiche legate all'IA. Questo potrebbe implicare il sollevamento di preoccupazioni etiche all'interno dell'organizzazione o il coinvolgimento di organi regolatori appropriati. La responsabilità etica individuale si manifesta non solo nel proprio comportamento etico, ma anche nell'azione per promuovere standard etici più elevati nell'intera comunità lavorativa.

Infine, la formazione continua è un elemento chiave della responsabilità etica individuale. Data la rapida evoluzione delle tecnologie basate sull'IA, gli individui devono impegnarsi nell'aggiornamento costante delle proprie competenze etiche e tecniche. Questo consente loro di rimanere al passo con gli sviluppi nell'IA e di affrontare nuove sfide etiche che potrebbero emergere nel tempo.

In sintesi, l'approfondimento sulla responsabilità etica dell'individuo nel lavoro con l'IA richiede consapevolezza, adozione di pratiche etiche, gestione consapevole dei dati, considerazione delle implicazioni sociali, segnalazione di comportamenti discutibili e formazione continua. Solo attraverso un impegno individuale con queste dimensioni è possibile garantire che l'IA sia sviluppata, implementata e utilizzata in modo etico e responsabile, contribuendo così a un progresso tecnologico sostenibile e rispettoso dei valori umani.

CONCLUSIONI

*Riassunto dei passaggi chiave e
incoraggiamento a esplorare le molteplici
opportunità di guadagno offerte
dall'Intelligenza Artificiale online*

Gli aspetti etici e la privacy nel contesto dell'Intelligenza Artificiale (IA) online sono temi di rilevanza crescente, richiedendo una riflessione approfondita su come bilanciare le opportunità di guadagno con la necessità di rispettare i diritti e la dignità degli individui.

Iniziamo analizzando l'importanza di considerazioni etiche nella progettazione e implementazione di soluzioni basate sull'IA. Gli sviluppatori devono essere consapevoli delle implicazioni etiche connesse alle tecnologie che creano, considerando fattori come i bias algoritmici, la trasparenza e l'impatto sociale. La responsabilità individuale nell'ambito dell'IA implica anche la consapevolezza di come le decisioni prese possono influenzare la società nel suo complesso, sottolineando la necessità di adottare un approccio proattivo verso l'etica nei processi decisionali.

La privacy, in questo contesto, emerge come uno dei pilastri fondamentali da preservare. Con la crescente raccolta e l'elaborazione di dati personali, garantire la sicurezza e la riservatezza delle informazioni diventa cruciale. Le politiche aziendali etiche dovrebbero concentrarsi sulla trasparenza riguardo all'uso dei dati, implementando protocolli di sicurezza avanzati e assicurando il consenso informato degli utenti. L'anonimizzazione dei dati è un ulteriore strumento per mitigare i rischi di violazioni della privacy, proteggendo gli individui dall'identificazione diretta.

D'altra parte, mentre si affrontano questi aspetti etici e di privacy, è fondamentale riconoscere e sfruttare le molteplici opportunità di guadagno offerte dall'IA online. L'automazione e l'intelligenza artificiale hanno rivoluzionato numerosi settori, creando nuove possibilità di business e occupazione. Aziende e professionisti possono capitalizzare sull'IA per ottimizzare processi, migliorare l'efficienza operativa e sviluppare soluzioni innovative. L'economia digitale, alimentata dall'IA, offre una vasta gamma di opportunità imprenditoriali, dalla creazione di app basate sull'IA alle consulenze specializzate in sviluppo e implementazione di soluzioni avanzate.

La monetizzazione dei dati è un'altra via per sfruttare le opportunità economiche offerte dall'IA. Le aziende possono utilizzare dati aggregati e anonimizzati per migliorare i propri servizi, personalizzare l'esperienza dell'utente e persino creare nuovi modelli di business basati sull'analisi predittiva. Tuttavia, è fondamentale farlo in modo etico e rispettoso della privacy, garantendo che i dati siano trattati in conformità con le normative vigenti e che gli utenti siano pienamente informati sull'uso dei propri dati.

In conclusione, mentre gli aspetti etici e la privacy devono rimanere al centro delle considerazioni nell'implementazione dell'IA online, è essenziale riconoscere e sfruttare le molteplici opportunità di guadagno che questa tecnologia offre.

L'equilibrio tra etica, privacy e opportunità economiche richiede un approccio ponderato e consapevole da parte di sviluppatori, imprenditori e professionisti coinvolti nel vasto mondo dell'IA.

Solo attraverso un'approfondita comprensione degli aspetti etici e una visione strategica delle opportunità economiche, è possibile costruire un ecosistema digitale sostenibile e rispettoso dei diritti individuali.

*Sintesi delle sfide e opportunità emergenti
nel panorama dell'IA e del lavoro online*

Nel panorama in continua evoluzione dell'intelligenza artificiale (IA) e del lavoro online, emergono una serie di sfide e opportunità che richiedono un'analisi attenta per navigare nel contesto digitale in modo etico ed efficiente.

Da un lato, le sfide etiche nell'ambito dell'IA includono la presenza di *bias* algoritmici. Gli algoritmi basati su dati preesistenti possono riflettere e perpetuare pregiudizi presenti nei dati di addestramento, portando a decisioni discriminatorie. La responsabilità di mitigare questi bias giace negli sviluppatori, che devono adottare approcci come l'analisi critica dei dati di addestramento e la regolazione degli algoritmi per garantire equità e giustizia nelle decisioni automatizzate.

La privacy rappresenta un'altra sfida critica. L'IA spesso richiede la raccolta e l'elaborazione di grandi quantità di dati personali, sollevando preoccupazioni riguardo alla sicurezza e alla riservatezza delle informazioni degli utenti. La trasparenza nel trattamento dei dati, il consenso informato e l'implementazione di misure di sicurezza avanzate sono essenziali per mitigare i rischi e garantire che le pratiche di gestione dei dati siano etiche e conformi alle normative sulla privacy.

Parallelamente, emergono opportunità significative nel panorama dell'IA e del lavoro online. La crescente automazione e l'uso dell'IA nei processi aziendali offrono opportunità di efficienza e ottimizzazione delle risorse. Le aziende possono sfruttare algoritmi intelligenti per analizzare dati complessi, migliorare la precisione delle previsioni e automatizzare attività ripetitive, consentendo ai dipendenti di concentrarsi su compiti più creativi e strategici.

Il lavoro online, alimentato dall'IA, apre nuove frontiere per la collaborazione globale. La possibilità di connettersi con professionisti in tutto il mondo attraverso piattaforme online consente una diversificazione delle competenze e una più ampia disponibilità di talento. Questa decentralizzazione offre opportunità di collaborazione flessibile e accelerata, permettendo la formazione di squadre interdisciplinari e la risoluzione di problemi complessi con l'apporto di expertise diverse.

La formazione e lo sviluppo delle competenze emergono come un'altra opportunità chiave nel contesto dell'IA e del lavoro online. La crescente domanda di competenze tecnologiche, come la programmazione e l'analisi dei dati, apre la strada a programmi di formazione avanzati e a iniziative educative innovative. Gli individui possono sviluppare nuove competenze per adattarsi alle esigenze del mercato del lavoro, contribuendo alla creazione di una forza lavoro più preparata per l'era digitale. Infine, la capacità di sfruttare i dati in modo etico può generare opportunità commerciali significative.

Aziende e professionisti possono utilizzare dati aggregati e anonimizzati per migliorare prodotti e servizi, personalizzare l'esperienza dell'utente e identificare nuove tendenze di mercato. L'analisi intelligente dei dati può portare a una maggiore comprensione dei clienti e a strategie di business più informate.

In conclusione, nel panorama complesso dell'IA e del lavoro online, l'equilibrio tra sfide etiche e opportunità è essenziale per un progresso sostenibile e rispettoso dei valori umani. Affrontare le sfide richiede una vigilanza etica continua, mentre sfruttare le opportunità implica adattabilità e una comprensione approfondita delle dinamiche digitali in evoluzione. La costruzione di un futuro digitale etico ed efficiente richiede un impegno collettivo per affrontare le sfide e massimizzare le opportunità offerte dall'IA e dal lavoro online.

*Analisi delle prospettive future
e delle potenziali evoluzioni del
guadagno online con l'IA*

L'analisi delle prospettive future e delle potenziali evoluzioni del guadagno online con l'intelligenza artificiale (IA) si sviluppa in un contesto dinamico, guidato da innovazioni tecnologiche e trasformazioni nell'ambito del lavoro digitale. In questo scenario, emergono nuove frontiere di opportunità e sfide, delineando il futuro del guadagno online attraverso l'applicazione dell'IA.

Una delle prospettive più promettenti è l'ulteriore integrazione dell'IA nei modelli di business esistenti e l'emergere di nuovi settori economici. L'IA, con la sua capacità di analizzare dati complessi, identificare pattern e automatizzare processi decisionali, offre opportunità di ottimizzazione e miglioramento dell'efficienza in svariati settori. Ad esempio, settori come la salute, la finanza, e la produzione potrebbero beneficiare dell'implementazione di soluzioni basate sull'IA per migliorare la diagnosi medica, ottimizzare le strategie finanziarie e automatizzare la produzione.

La crescita dell'e-commerce è destinata a essere ulteriormente potenziata dall'IA. I motori di raccomandazione alimentati da algoritmi intelligenti, la personalizzazione dell'esperienza dell'utente e la previsione delle tendenze di acquisto sono solo alcune delle applicazioni che possono migliorare la redditività degli operatori online. Questo si traduce in nuove opportunità di guadagno per gli imprenditori online che possono sfruttare le tecnologie basate sull'IA per ottimizzare le loro operazioni e offrire esperienze più personalizzate ai clienti.

Un'altra prospettiva chiave è l'evoluzione dei modelli di lavoro grazie all'IA. La crescente automazione di compiti ripetitivi e la capacità di apprendimento automatico consentono lo sviluppo di lavori più specializzati e ad alto valore aggiunto. Gli individui possono trovare opportunità di guadagno online attraverso professioni legate allo sviluppo e alla gestione di sistemi basati sull'IA, come ingegneri del machine *learning*, data *scientist* e specialisti in intelligenza artificiale.

Tuttavia, con queste prospettive positive emergono anche sfide etiche e sociali. La disoccupazione potrebbe aumentare nei settori in cui l'automazione sostituisce i lavoratori umani, e la necessità di riqualificazione diventa critica.

È essenziale adottare politiche e programmi di formazione che permettano alle persone di acquisire nuove competenze e adattarsi alle nuove dinamiche del mercato del lavoro.

Inoltre, l'aspetto etico del guadagno online con l'IA richiede una valutazione continua. La trasparenza nell'uso dei dati, la gestione dei *bias* algoritmici e la responsabilità nell'implementazione di sistemi automatizzati sono sfide etiche che richiedono un'attenzione costante. Le società e gli individui devono impegnarsi a garantire che l'IA venga utilizzata in modo equo, rispettando i diritti individuali e prevenendo discriminazioni ingiuste.

Nel complesso, le prospettive future del guadagno online con l'IA sono intrinsecamente legate all'evoluzione tecnologica e alla capacità di gestire le sfide etiche connesse. Mentre emergono opportunità di crescita economica e innovazione, la responsabilità collettiva di guidare questa trasformazione in modo etico e sostenibile è fondamentale per plasmare un futuro digitale equo e prospero.

***

In questa guida esaustiva, abbiamo esplorato le profonde opportunità offerte dall'Intelligenza Artificiale (IA) nel contesto del guadagno online. Attraverso un percorso articolato, abbiamo iniziato con una panoramica sulle potenzialità dell'IA nel contesto del lavoro digitale, esaminando le attuali tendenze di mercato e affrontando le sfide comuni incontrate dai lavoratori online.

Abbiamo poi approfondito la comprensione dell'IA, esplorando le sue applicazioni pratiche e considerando le implicazioni etiche legate al suo utilizzo nel guadagno online. La nostra analisi ha toccato diverse forme di intelligenza artificiale, evidenziando come tali tecnologie possano influenzare settori specifici del lavoro online.

Un capitolo dedicato alle piattaforme di lavoro basate sull'IA ha offerto una guida dettagliata su come sfruttare appieno le opportunità di guadagno presenti su *TaskRabbit*, *Upwork*, *Gigster* e simili. Analizzando le differenze tra queste piattaforme, abbiamo fornito consigli pratici su come massimizzare il potenziale di guadagno e gestire contratti in modo efficace.

Nel capitolo sulle competenze richieste, abbiamo affrontato le competenze necessarie per partecipare a progetti legati all'IA, offrendo consigli pratici su come acquisire e sviluppare tali competenze nel tempo. La partecipazione a progetti di crowdsourcing basati sull'IA è stata esplorata in dettaglio, con una discussione su come distinguersi in progetti competitivi e gestire il carico di lavoro in modo efficiente.

La creazione di contenuti per l'IA è stata analizzata come un'opportunità di guadagno, con suggerimenti pratici per la produzione di contenuti di alta qualità e strategie di marketing per promuovere tali servizi. Il freelance nel settore dell'IA è stato trattato con un focus sulla diventare un professionista autonomo di successo.

Abbiamo esplorato come sfruttare l'IA nel campo dell'affiliazione e del marketing online, analizzando le tendenze di mercato e fornendo consigli pratici per la gestione e l'ottimizzazione delle campagne di affiliazione basate sull'IA. L'importanza della formazione continua è stata sottolineata, con indicazioni su programmi avanzati e modalità di apprendimento efficaci per le tecnologie emergenti.

Infine, abbiamo affrontato gli aspetti etici e della privacy nel lavoro online con l'IA, sottolineando l'importanza di rispettare le linee guida e le leggi pertinenti. Abbiamo esaminato casistiche etiche comuni e approfondito la responsabilità etica dell'individuo nel contesto dell'IA.

In conclusione, questa guida è un compendio completo che fornisce una visione approfondita delle opportunità di guadagno online con l'IA. Siamo certi che, attraverso la comprensione delle competenze necessarie, l'uso intelligente delle piattaforme, la partecipazione a progetti innovativi, e il rispetto di principi etici, chiunque possa sfruttare appieno il potenziale offerto dall'intelligenza artificiale nel mondo del lavoro online. Vi auguriamo successo nel vostro percorso e vi incoraggiamo a esplorare sempre nuove opportunità in questo entusiasmante e in continua evoluzione panorama digitale.

www.ingramcontent.com/pod-product-compliance
Lightning Source LLC
LaVergne TN
LVHW051229050326
832903LV00028B/2304